LES JÉSUITES.

LYON:

IMPRIMERIE DE LOUIS PERRIN,

GRANDE RUE MERCIÈRE, N. 49.

LES JÉSUITES

DÉVOILÉS A LEURS AMIS

ET A LEURS ENNEMIS.

Par M. ***

A fructibus eorum cognoscetis eos.

A LYON,

CHEZ FRANÇOIS GUYOT, LIBRAIRE-ÉDITEUR,

RUE MERCIÈRE, N. 39.

A PARIS,

CHEZ GAUME FRÈRES, LIBRAIRES,

RUE DU POT-DE-FER.

*

1829.

Préface.

Un coup mortel a été frappé; le bruit en a retenti dans toute l'Europe; une plaie profonde a été ouverte dans tous les cœurs religieux et vraiment français. La religion, fondant en larmes, demande à grands cris où est la protection qu'on lui doit et qu'on lui a solennellement promise, qu'on accorde aux sectes, et qu'on refuse à elle seule. Le catholicisme pleure la perte de ses plus fidèles interprètes, de ses apôtres les plus intrépides, de ses plus aguerris défenseurs. La patrie a vu ses enfants les plus chers arrachés de son sein; et la société ébranlée redemande les maîtres habiles qui, non contents de guérir ses plaies, lui préparaient encore, pour l'avenir, des citoyens vertueux et dévoués. La vertu a été méconnue, l'innocence opprimée, le mérite et les services punis plus sévèrement que la défection. Poussés par une main barbare, loin d'un sol heureux de leurs bienfaits, ils promèneront sur la terre étrangère leur impassible résignation et notre cruelle ingratitude. Oh ! qu'il m'eût été doux d'élever aussitôt la voix en faveur des plus grands intérêts si indignement trahis ! de combien il eût été allégé, le poids de la douleur qui m'accablait, si j'avais pris d'abord la défense de la vérité, de la vertu et de la justice, de la religion, de la patrie et de la société ! Mais, hélas ! ignorant les intrigues, étranger à toutes les coteries, sans prôneurs comme sans appui, n'ayant d'autre ressource que l'évidence de la vérité, que le sentiment de ma conscience, que pouvais-je attendre de mes démarches ? quels succès pouvaient-elles obtenir auprès de gens pour qui la lumière est un malheur, la vertu une injure, et le droit un crime ? Comment sauver, par mes faibles accents, des hommes que ne purent arracher au naufrage, ni le souvenir de tant de gloire, ni la vue de tant de services, ni la plume éloquente des plus nobles écrivains, ni le cri unanime de tous les cœurs généreux ? Aigrir encore les ennemis des Jésuites, augmenter leur fureur et leur rage, leur arracher de nouveaux blasphêmes, de nouvelles calomnies : tel pouvait être l'unique résultat de mes téméraires efforts.

Aussi, vainement je me voyais attaqué dans la partie la plus sensible de mon être, vainement je me sentais blessé dans mes affections les plus vives, les plus nobles et les plus pures ; la timidité gagnait, le calcul l'emportait, il fallait concentrer ma douleur, gémir en secret et me taire. O pénible et cruelle situation pour un cœur tendre et reconnaissant, pour un ami généreux de ses concitoyens, pour un serviteur désintéressé de son roi, pour un français entièrement dévoué à sa patrie! Les voir dépouiller, les premiers, des précieux flambeaux qui les guidaient dans la voie du bonheur ; le second, des maîtres qui lui formaient les sujets les plus soumis et les plus attachés ; la patrie, des héros intrépides qui seuls pouvaient arrêter le débordement d'une révolution nouvelle ; sentir vivement tous ces maux, en avoir l'ame cruellement déchirée, et ne pouvoir pousser un cri de douleur !

Eh quoi ! ne sommes-nous pas tous soldats, et ne le sommes-nous pas dans tous les temps, dans la cause de la vérité et de la justice ? Ne nous devons-nous pas tout entiers à la religion ? pouvons-nous compter et regretter nos efforts en défendant la patrie ? Bien des haines fondront sur nous ; nous nous attirerons force calomnies ; ce sera un jeu de nous décrier et de nous maudire ; qu'importe ? nous nous devons à la bonne cause, nous ne cesserons d'élever la voix aussi haut que nous pourrons la faire entendre. Nous dirons la vérité, et comme un noble Romain, dût-on nous arracher la langue, la liberté qui respirerait encore sur notre front, reprocherait à nos ennemis leur tyrannie, et leur apprendraient si nous sommes nés pour servir de jouets à leurs passions haineuses et à leur aveugle fureur.

Je le sais et je ne puis me le dissimuler : quand ces réflexions paraîtront dans le public, on verra les passions s'ameuter, pousser un rugissement horrible, et s'écrier dans l'accès de la rage : Que veut donc celui-ci? Ce que je veux! c'est ce que tant de pères vertueux et d'enfants bien-nés ont pleuré et pleurent amèrement. Ce que je veux! c'est ce que la religion et la patrie éplorées ont redemandé et redemandent à grands cris. Ce que je veux! c'est que les modèles de la jeunesse ne soient plus repoussés comme ses corrupteurs, que les défenseurs des trônes ne soient plus bannis comme les ennemis des rois, que les bienfaiteurs et les soutiens de la société ne soient plus punis comme des conspirateurs et des impies; enfin, que les hommes qui sont l'ornement et la gloire de l'humanité, ne soient plus écrasés comme ses monstres et son dernier opprobre. Ce que je veux! le sait-on maintenant? et peut-on se plaindre que nous pleurions de nous le voir ravir, et que nous osions le redemander ? Voudrait-on donc faire des malheureux, et leur refuser la dernière des consolations, celle d'élever, quoique trop tard, la voix contre leurs spoliateurs, celle de revendiquer les biens précieux qu'on leur a enlevés? J'ai dit *quoique trop tard*... Ah! sans doute, les ennemis des Jésuites ont conjuré leur perte, les Jésuites ne sont plus sur le sol français. Je sais qu'il est difficile de leur en ouvrir de nouveau l'entrée; mais nous connaissons nos droits, et nous ne souffrirons pas qu'on nous ravisse le dernier : il n'est plus en notre pouvoir de garder le silence. Nous avons compté, dans les rangs des ennemis des Jésuites, des ames droites et vertueuses qu'ils ont étourdies, que leurs calomnies ont égarées, que leurs accusations perfides ont aigries ; ce sont des hommes qui aiment sincèrement la vérité, mais qui n'ont plus le courage de la chercher, et qui l'attendent pourtant encore avec impatience, qui l'accueilleraient avec une entière gratitude, en abjurant aussitôt l'erreur, et en embrassant la vérité qu'on leur découvre. Oh! qu'elle est étroite, qu'elle est invincible l'obligation d'éclairer ces hommes malheureux! Le langage simple et ingénu de la vérité, fût-il dépouillé des séductions du style, fera impression sur leurs ames, leur montrera la bonne cause qu'ils combattaient, et leur inspirera le courage nécessaire pour se ranger de son côté. Or, ce langage, nous pouvons le puiser dans l'évidence des faits, dans le sentiment de notre conscience, dans l'amour de notre patrie. Malheur donc, malheur à nous si nous ne le faisons entendre aux hommes qui en ont besoin, et qui sauront le tourner à leur avantage et au triomphe de la vérité! Aussi, c'est uniquement pour eux que nous avons entrepris cet ouvrage, et que nous y avons travaillé dans les moments que nous laissaient des occupations d'ailleurs assez multipliées. Puisse-t-il leur être de quelque utilité! puisse-t-il leur montrer l'abyme vers lequel ils marchaient, vers lequel ils poussaient la société! Quand il n'y en aurait qu'un seul qui, en nous lisant, revînt de ses erreurs, nous croirions nos peines abondamment récompensées, nous bénirions la divine Providence d'avoir voulu se servir de notre faiblesse pour opérer ce prodige, et notre satisfaction serait désormais à son comble.

Mais, pour atteindre un but si désiré, loin de nous les assertions gratuites, qui, déshonorant la vérité, ne trompent que quelques ignorants et indignent tous les hommes instruits; les invectives, qui, en attaquant les personnes, blessent trop les amours propres, soulèvent trop les passions, et excitent dans l'ame un trouble trop violent, pour que la conscience puisse faire entendre sa voix, et exercer son légitime empire; les sophismes perfides, qui, substituant l'ombre à la lumière, les apparences aux réalités, les rêves de l'imagination aux œuvres des hommes, la fougue de la passion aux faits de l'histoire, jettent partout la défiance, et partout compliquent les questions et augmentent les embarras; les déclamations de toute espèce, qui, par leur véhémence, étourdissent les uns, repoussent les autres, et les fatiguent tous, souvent pour les arracher à la vérité, et pour les vouer éternellement au mensonge! Tous ces moyens sont indignes du philosophe, qui toujours les condamne dans les autres, qui jamais ne les emploie lui-même, qui serait honteux de vaincre par eux; ils sont indignes de la bonne cause, dont ils annoncent la faiblesse, dont ils mettent la justice en problême, dont ils compromettent le triomphe : nos adversaires, doués de meilleurs poumons, feraient toujours entendre des cris plus hauts, et toujours les sots leur adjugeraient une victoire certaine.

Adoptons donc une marche plus franche, plus claire et plus sûre. Ne jugeons des doctrines que par les hommes, et des hommes que par leurs œuvres. Faisons parler la véridique, l'impartiale histoire; écoutons ses dépositions, fondons sur ses témoignages irrécusables le jugement que nous avons à porter des hommes; rapprochons des faits consignés dans les fastes des siècles passés, les cris toujours suspects du siècle présent ; n'admettons que ce qui en recevra une honorable sanction, repoussons et renversons tout ce qui n'en recevra qu'une flétrissure honteuse : il n'appartient qu'aux faits de parler, et l'homme historique est le seul véritable, quoi que puisse publier la calomnie ou l'ignorance.

Nous allons donc donner un précis historique de la compagnie de Jésus. Là, nous verrons les œuvres des Jésuites et celles de leurs ennemis ; et par ces œuvres, nous les apprécierons les uns et les autres, sans craindre de nous laisser égarer par le préjugé et la passion.

Dans ce précis, nous remonterons aux causes premières qui ont amené l'institution de cet ordre célèbre ; puis nous examinerons les diverses circonstances de son établissement ; et, pour la satisfaction de nos lecteurs, nous donnerons une analyse assez détaillée des constitutions de saint Ignace, de ces constitutions si admirées par les uns, si décriées par les autres, si peu connues aujourd'hui et encore moins lues. Nous suivrons ensuite cette compagnie fameuse dans les obstacles qu'elle rencontra, dans les progrès qu'elle fit, dans l'influence qu'elle exerça sur l'univers, dans les prodiges de science, de charité et de courage opérés par ses divers membres. Jetant alors un coup d'œil général sur tout ce que nous aurons raconté de merveilleux, nous serons conduit naturellement à rechercher comment on songea à proscrire une société à qui le paganisme eût élevé des autels, et que le christianisme n'aurait su trop récompenser. Nous tâcherons de donner une juste idée des hommes qui travaillèrent à sa perte, des ressorts qu'ils firent jouer, du succès funeste qu'ils obtinrent. Nous raconterons, après la suppression de cet ordre, ce que devinrent les enfants de Loyola, ce que firent leurs ennemis, les malheurs inouis qui pesèrent sur la France, et l'abyme dans lequel elle fut plongée pendant plusieurs années. Nous les reverrons ensuite reparaître sous les lois de l'empire, résister à la tempête naissante, augmenter leurs bienfaits sous les Bourbons. Nous terminerons par peindre les deux derniers ministères, dont l'un les laissa attaquer si impudemment, et l'autre les abandonna à la vengeance de leurs impitoyables ennemis.

Que ceux qui voudront bien nous lire, nous accordent le mince honneur de croire que nous n'avons jamais songé à réfuter cet énergumène qui ne s'engraissa du pain de la charité, que pour maudire ensuite ses trop généreux bienfaiteurs; jamais nous ne leur fîmes l'injure sanglante de penser qu'ils aient pu sérieusement ajouter foi à ses calomnies trop grossièrement atroces. Le public a fait depuis long-temps une éclatante justice de ses blasphêmes; ceux-mêmes qui salarièrent sa plume infame n'eurent jamais pour lui qu'un souverain mépris : on a pressé l'orange, l'écorce est jetée; il ne reste à l'ingrat, il ne reste au monstre que sa honte, que son crime, et peut-être son éternel châtiment. Nous avons voulu peindre les Jésuites et leurs ennemis, non tels qu'on les veut, ni tels qu'on ne les veut pas, mais tels qu'ils furent, tels qu'ils seront. Les premiers, sages guides et maîtres éclairés de la jeunesse, amis dévoués de tous les âges, apôtres et défenseurs du christianisme, modèles de toutes les vertus, appuis nécessaires à la société; et les seconds! qu'on lise, et qu'on prononce ce qu'ils sont et ce qu'ils ne sont pas.

Quand on aura lu cette histoire, on avouera certainement qu'il n'en est point d'autre qui renferme des choses si étonnantes et si prodigieuses. Cependant, dans tout ce que nous avancerons, il n'y aura rien que nous ne puissions appuyer de nombreuses, d'irréfragables citations; et si, par la rapidité de la marche, nous nous dispensons d'en donner, c'est que nous sommes convaincus qu'aucun des ennemis des Jésuites ne poussera la mauvaise foi, jusqu'à oser contester ce que nous avançons

Voilà assurément un dessein bien grand. C'est de notre propre mouvement que nous l'avons entrepris: nous n'avons cédé à aucune pensée étrangère; il n'est que l'expression de notre conviction personnelle. Dépourvu de tout secours et manquant de temps, peut-être ne serons-nous point parvenu à remplir ce cadre dans toutes ses parties; du moins, nous aurons fait tous nos efforts, et, s'ils ne sont pas couronnés d'un entier succès, nous n'aurons pas de la peine à nous en consoler, en pensant que l'homme juste, nous jugeant par notre bonne volonté, nous appréciera par elle; que l'homme qui réfléchit, suppléera à ce qui nous manque, par les lumières de son esprit et par la force de sa raison; que l'homme qui dormait paisiblement dans son erreur, éveillé par nos cris, apprendra du moins à craindre, à douter, à examiner; et que puisant dans de meilleures sources, il trouvera cette vérité précieuse qu'il combattait sans la connaître : enfin, que l'homme de génie, honteux d'avoir laissé traiter une si belle cause à notre faiblesse, la soutiendra à son tour avec la supériorité de son talent, et lui assurera pour toujours un triomphe auquel nous ne serons pas tout-à-fait étrangers.

❀

LES JÉSUITES

DÉVOILÉS A LEURS AMIS

ET A LEURS ENNEMIS.

CHAPITRE PREMIER.

Causes premières de l'institution de l'ordre des Jésuites.

La Religion comptait quinze siècles depuis son établissement. Battue sans cesse par des orages, toujours elle avait résisté à la fureur des tempêtes : la main de son divin Auteur soutenait sa frêle nacelle au milieu des abymes entr'ouverts pour l'engloutir. Combattue d'abord, ainsi que son Fondateur, par la race déicide des Juifs, elle avait vu le bras du Tout-Puissant s'étendre sur ce peuple ingrat, le glaive romain en exterminer une immense partie, et le reste, triste débris d'un empire jadis florissant, aller promener au milieu des nations épouvantées sa honte et son crime. Attaquée ensuite par les tyrans, en butte à la cruauté des bourreaux, après trois siècles de combats, du haut des échafauds, du fond des catacombes, du carnage de l'amphithéâtre et des horreurs du désert, par la plus éclatante des victoires, elle s'élance à la cour des empereurs, s'assied sur le trône des Césars, et son signe auguste, d'abord objet de risée, devient l'ornement le plus glorieux du diadême des potentats. Puis déchirée par des enfants rebelles, par des sectes sans cesse renaissantes, elle les avait vues sécher comme la branche séparée du tronc, disparaître comme le torrent qui, dans un jour de tempête, s'élève, mugit, ravage et n'est plus.... Vainement leurs fureurs furent secondées par les protecteurs les plus puissants; toutes les hérésies se brisèrent contre la pierre descendue de la montagne, ne laissant après elles que leur nom couvert d'ignominie et poursuivi par la haine. Quand ensuite un imposteur féroce et sanguinaire allait ravir à l'Église ses plus belles provinces, achetées au prix du sang des premiers martyrs, Dieu lui ménagea par avance un ample dédommagement: les barbares, que la main du Seigneur pressait contre l'empire Romain, dépouillant leur férocité, devinrent ses enfants. On vit le Germain superbe, vainqueur enfin des armes romaines, plier sous le joug de la foi sa tête que les légions n'avaient pu humilier; et le fier Sicambre, aux plaines de Tolbiac, reconnaître le Dieu des armées, et lui faire hommage de sa couronne. Peu contente encore des nombreux enfants qui accouraient dans ses bras, elle alla les chercher dans leurs forêts, aussi antiques que le monde. Franchissant à la fois et le Rhin et le Danube, elle fait entendre sa voix à la horde sauvage, l'étonne, la range sous son empire, et voilà son étendard de victoire planté dans les champs mêmes où l'on foule les os de Varus et de ses soldats.

Mais ses conquêtes lui devinrent funestes; ce que la foi gagna, les mœurs le perdirent. L'exemple du chrétien avait converti le barbare; l'exemple du barbare démoralisa le chrétien. Un germe fatal de corruption fut déposé dans les cœurs. Les progrès en furent d'abord lents et presque imperceptibles, parce que, récentes encore, les vertus des pères retenaient les enfants, et que les épreuves, reparaissant de temps en temps, en réveillant la foi, ressuscitaient les mœurs qu'elles épuraient. Mais, au lieu d'un orage qui seul aurait pu empêcher le naufrage, il survint une paix qui ne fut presque plus interrompue. On s'endormit, et au sein de la sécurité, l'exemple déploya sa force terrible. Pour comble de malheur, les lettres tombèrent; les sciences furent reléguées dans les cloîtres; les grands s'enorgueillirent de ne pas savoir *signer;* l'ignorance, devenue à la mode, fut générale et régna seule. Les croisades vinrent favoriser la licence, et rien ne put plus en arrêter le débordement : dès lors, allant toujours croissant, il eut bientôt atteint les dernières sommités de la société et de l'Église. Les princes, abandonnés aux plaisirs, négligeaient les affaires; les seigneurs, toujours divisés, se livraient entre eux de sanglants combats, qu'ils ne suspendaient que pour se plonger dans la débauche; les sujets, délaissés des premiers, et vexés cruellement par les seconds, cherchaient à oublier leurs maux dans la plus dégoûtante crapule. Enfin, quoique la foi régnât encore sur les esprits, chose étonnante ! elle ne pouvait arrêter les désordres du cœur; et des excès de tout genre souillaient la terre européenne, et déshonoraient le christianisme.

Cependant il restait encore quelques personnages éminents, dont les exemples rappelaient les plus beaux siècles. Organes du Ciel, ils élevèrent la voix contre le torrent, et demandèrent une prompte réforme. Ceux-là mêmes qui étaient les plus corrompus se joignirent à eux, et bientôt ce ne fut plus qu'un cri unanime : *La réforme !* Chacun en sentait la nécessité, chacun en sollicitait le remède; mais personne ne voulait donner l'exemple. Le clergé, sur qui reposait particulièrement ce devoir, suivait la foule, regardant quelquefois en arrière, mais n'ayant jamais le courage de retourner sur ses pas et de ramener les autres. On reconnut son tort, et on le lui imputa : il tomba dans un discrédit inoui. Le cri de la réforme devenu séditieux en passant de bouche en bouche, étouffa tout respect pour les ministres de la religion, et l'on s'imagina qu'il ne pouvait plus rester rien de sain dans un corps travaillé de si cruelles maladies. Dès lors ce furent des excès nouveaux que nul frein ne pouvait plus modérer. Un concile général aurait aisément apporté un terme à tant de malheurs; quelques anciens canons, remis en vigueur, auraient infailliblement rétabli l'ancienne discipline et ramené la pureté primitive. Loin d'opposer la moindre contradiction, tous eussent applaudi avec reconnaissance; mais les princes, toujours divisés entre eux, refusaient de prêter la main à cette grande œuvre. Les papes eux-mêmes, plus guerriers que pontifes, plus occupés de l'agrandissement de leurs états, que de la régénération des mœurs, demeuraient sourds aux prières des fidèles, et insensibles aux besoins de l'Eglise. La réforme était renvoyée d'année en année, de pontificat en pontificat, de concile en concile. Dieu attendit long-temps; sa patience enfin se laissa vaincre, et sa vengeance s'appesantit sur la terre. La réforme, qui n'aurait coûté qu'un peu de bonne volonté, s'acheta fort cher : elle nous fut vendue au prix de la paix de l'Europe, au prix du bouleversement des états, au prix des plus vastes provinces enlevées à l'Eglise. De violentes commotions ébranlèrent le monde; une crise terrible s'empara de toute la société; le démon de l'hérésie se déchaîna, il faillit tout dévorer. L'abyme de l'anarchie s'ouvrit, il manqua tout engloutir; et cependant, tant de calamités prirent leur source dans ce qui aurait dû les prévenir; voici à quelle occasion:

Les mahométans menaçaient la foi et la liberté de l'Europe entière; leurs armes victorieuses faisaient chaque jour des progrès alarmants. Les princes chrétiens, trop occupés de leurs affaires particulières, et trop brouillés entre eux pour unir leurs forces contre l'ennemi commun, ne voyaient qu'avec indifférence, ou faisaient semblant de ne pas voir le danger suspendu sur leurs têtes. Le souverain pontife trembla pour le dépôt sacré remis à sa garde. Dans ces sortes de périls, un moyen avait réussi à ses prédécesseurs; il l'employa. Une croisade fut prêchée, et les trésors de l'Eglise s'ouvrirent à ceux qui prendraient part à l'expédition. Mais le choix inusité des prédicateurs de la guerre sainte alluma les feux de la jalousie. Il se rencontra un moine fougueux, et déja rebelle, qui s'abandonna tout entier au dépit de voir les honneurs se fixer dans un autre ordre que le sien, auquel un usage immémorial assurait une incontestable préférence. Pour surcroît d'infortune, les religieux privilégiés, attaqués de la même maladie que tout leur siècle, donnèrent prise aux invectives, en mêlant beaucoup d'intérêt et de superstition à l'exercice de leur prérogative. Le turbulent Luther sut en faire la pâture de sa passion : il pousse les hauts cris, dénonce les abus avec aigreur, et lance de sanglantes diatribes. Loin de s'arrêter, son ressentiment se change en fureur, l'emporte renversant la substance même de la chose. Mais un abyme en creuse un autre : comme la vérité attaquée découlait évidemment d'une autre vérité clairement définie, pour se mettre à couvert de toute difficulté, il nia divers articles de foi, et réduisit les sacrements à un vain signe, à une ombre illusoire.

Ainsi violemment combattue, la bonne cause ne manqua pas de défenseurs : de nobles écrivains lui consacrèrent leurs plumes éloquentes ; des têtes couronnées descendirent dans l'arêne ; le blasphême fut flétri par les universités ; et la nouvelle ne tarda pas à parvenir au chef suprême de l'Eglise. Des admonitions furent faites en son nom : l'hypocrisie protesta d'abord d'une soumission absolue que démentirent bientôt de nouveaux scandales. Les excès prenant une tournure plus effrayante, devinrent de nature à éveiller l'autorité civile. Dès lors il était évident que, quelque mauvaise que fût sa volonté, elle finirait toujours par se laisser convaincre de prêter main forte à l'autorité ecclésiastique. Les novateurs songèrent sérieusement à se tenir en garde contre l'une et contre l'autre, non seulement par des calomnies et par des sarcasmes qui, en rendant le crime plus énorme, n'auraient fait qu'aggraver le châtiment, mais par des partisans zélés, par de puissants protecteurs, par des armées nombreuses. On ne négligea rien pour se les ménager. On flatta les passions, surtout l'ambition, l'esprit d'indépendance et la volupté : la première, en lui abandonnant les dépouilles des monastères et les richesses de l'Eglise; la seconde, en lui assurant une entière indépendance d'un clergé jusque là puissant et maître; la dernière enfin, en posant des principes, en donnant des exemples capables de tout légitimer... C'en était trop pour la religion superficielle du nord! Les passions, ivres de joie, poussèrent un cri d'alégresse, et crurent ne pouvoir mieux témoigner leur satisfaction à leurs coupables bienfaiteurs, qu'en les prenant sous leur protection, qu'en leur ouvrant de sûrs asyles, qu'en jurant de les défendre envers et contre tous. Aussi, quand le premier auteur de l'incendie comparut à un tribunal érigé à cette fin, fier de son appui, il n'hésita point à s'échapper à la première occasion, averti du sort qui l'attendait par le sentiment de celui qu'il méritait. Vainement alors un prince puissant et absolu menaça de la vengeance des lois, non seulement le coupable, mais tous les adhérents; déja sept princes étaient rangés parmi ses sectateurs et ses défenseurs. Après quelque dissimulation de part et d'autre, la discorde se déchaîna, la révolte arma ses esclaves, la guerre civile éclata, de meurtriers combats se livrèrent, l'aigle impériale fut renversée, et Charles-Quint courut risque de devenir le captif de ses sujets rebelles.

Mais ce n'était là encore qu'une faible partie du mal : tandis que Luther, jurant de tout détruire, embrasait le nord, Mélanchthon, subjugué par le génie de cet hérésiarque, et s'efforçant vainement de s'en affranchir, combattait contre sa conscience dont il étouffait les cris, et grossissait l'Elbe des pleurs qu'il répandait en voyant les excès auxquels il participait; les rochers de la Suisse tremblaient des blasphêmes de Zuingle, qui s'associait le moine Acalompade, pour en faire un premier exemple d'apostasie; Bucer convertissait Strasbourg en entrepôt de séduction pour la France et l'Allemagne, et y fondait ensemble les inconciliables impiétés de Zuingle et de Luther; les extravagances du voluptueux Osiandre étaient accueillies avec avidité en Prusse et en Angleterre; et bientôt dans cette dernière, Henri VIII, échangeant le titre de défenseur de la foi contre celui de persécuteur, rompait tout lien avec le Saint-Père, plongeait dans la débauche une ame de chair, faisait ruisseler le sang le plus pur, et changeait la terre des saints en terre de schisme et d'hérésie; l'ambition de Gustave introduisait les nouveautés dans la Suède, et ses armes aidaient à Christiern à les établir dans le Danemark. La France lutta d'abord contre le torrent; mais bientôt séduits par l'habile hypocrisie de Calvin, les guerriers, les savants, les magistrats et les princes s'engagèrent dans les lacs de l'hérésie, et se rangèrent sous les drapeaux d'une félonie qui coûta bien du sang à la pâtrie. Une nuée de novateurs moins connus désolait toute l'Europe, et presque tous, les premiers surtout, se couvraient d'une honte éternelle en autorisant le double mariage du landgrave.

Ainsi attaquée par des novateurs aussi nombreux que tous ceux des siècles passés ensemble, lâchement soutenue par des princes qui auraient dû lui sacrifier leur couronne et leur vie, démembrée cruellement par d'autres, dont les rangs grossissaient chaque jour, l'Eglise en deuil voyait ses enfants les plus chers s'élancer aveuglément hors de son sein, ses plus belles provinces échapper à son empire, et sa domination se resserrer dans les bornes les plus étroites. Déja l'Allemagne était enchaînée sous la tyrannie de l'erreur; le nord ne connaissait plus ni Rome, ni sa doctrine; les Iles-Britanniques venaient d'abjurer le catholicisme, et la France était menacée de se voir subjuguée par l'émissaire de Calvin et par l'enfant de Genève. L'Eglise paraissait toucher à sa fin; mais Dieu se souvint de sa promesse, et du haut du ciel, il se jouait des vains frémissements des peuples et des rois. Pour leur apprendre que leurs succès n'étaient qu'un effet de sa permission, il résolut de les arrêter tout-à-coup, au moment même que tout leur promettait une entière exécution; et pour confondre encore mieux leur folle sagesse, il voulut n'user que des moyens ordinaires de sa providence.

Tant de calamités provenaient de l'ignorance et de la dépravation : la première, en introduisant les abus, avait donné prise aux invectives, puis aux calomnies; la seconde, par ses excès monstrueux, avait paru légitimer la réforme et la rebellion. Il fallait faire subir à toutes deux une condamnation solennelle : à l'une, en définissant clairement les articles de foi sur les matières controversées; à l'autre, en posant des règles de discipline dont la pureté montrât évidemment que, malgré la corruption du grand nombre, la doctrine était toujours aussi pure que celle des plus beaux siècles. De là, la nécessité d'un concile œcuménique. Tenu bientôt à Trente, il dura dix-huit ans, et se distingua par une précision, par une clarté, par une sagesse presque unique, même dans les fastes ecclésiastiques. L'Eglise parla, la vérité fut proclamée et le mensonge confondu. Mais ce n'était point encore assez : pour en étendre l'heureuse influence, pour en perpétuer les fruits précieux, il fallait rendre la vraie science comme populaire, ressusciter dans toutes les classes les mœurs presque éteintes, tracer un cercle aux progrès de l'hérésie, et compenser par des conquêtes les pertes qu'on avait essuyées.

Comme de si étonnantes merveilles ne pouvaient être opérées que par un ordre religieux, quel devait être cet ordre, de tous ceux qui existaient, aucun chez qui la science ne fût presque anéantie, aucun qui ne fût à peu près en proie aux mêmes désordres, nul dont l'institution fût parfaitement adaptée à une fin si haute et si sublime? Il fallait donc en établir un nouveau, dans lequel une science rare étant commandée par la règle, fût bientôt produite par une noble et sainte émulation; dans lequel la ferveur d'une institution naissante formât des hommes dont les exemples, plus encore que les discours, régénérassent et le troupeau et les pasteurs; dans lequel le religieux, peu content de confondre l'erreur, cultivât encore la jeunesse, cet espoir de l'avenir, de manière à la mettre en état de vaincre l'hérésie désormais impuissante; un ordre enfin qui fournît des hommes assez irréprochables pour flétrir le vice, des athlètes assez vigoureux pour terrasser le démon de la nouveauté, et des apôtres assez intrépides pour porter l'Evangile dans les régions nouvellement découvertes, et parmi les hordes sauvages. Certes, fût-il jamais mission plus importante! Quelle honorable prérogative pour l'ordre que Dieu va établir! quels précieux bienfaits il va répandre sur le genre humain! quelle reconnaissance lui devront les peuples et les rois! quels hommages lui paieront les hommes religieux de toutes les nations! Mais aussi, quelle haine mortelle lui voueront les méchants, et à quelles persécutions ne doit-il pas s'attendre de leur part! Heureux et mille fois heureux l'homme que Dieu appellera à fonder un ordre si utile!

CHAPITRE II.

Circonstances diverses de l'établissement de l'ordre des Jésuites.

Tandis que l'hérésie subjuguait le nord, un jeune guerrier signalait une éclatante valeur au siège de Pampelune. Fier de verser son sang pour sa patrie, il s'applaudissait d'avoir perdu l'usage de ses jambes au service de son prince. C'est sur lui que Dieu arrête ses regards, et déja son choix est fixé. Destiné comme Augustin à opérer les plus grandes choses, comme celle d'Augustin, sa conversion fut l'effet d'un miracle aussi simple et aussi inattendu. Déja le généreux Ignace ne peut plus contenir l'ardeur qui le dévore; elle le transporte dans les lieux saints, qu'il visite avec une foi dont la vivacité n'est égalée que par celle de son amour.

De retour en Europe, comprenant la nécessité de la science, il se rend à Paris, alors le séjour des lettres, comme aujourd'hui le réceptacle de tous les vices; et malgré son âge déja avancé, malgré les traverses que lui attira sa ferveur, malgré les épreuves qu'il fallut subir, il poursuivit sa carrière appuyée sur de nombreux miracles, qui, en peu de temps, déclarèrent sa vocation tout entière. Voulant à tout prix procurer efficacement la gloire du Seigneur et le salut du prochain, et ne sachant encore quels moyens employer, il délibéra long-temps. Déterminé enfin à établir une compagnie d'hommes apostoliques, il les choisit lui-même parmi les plus vertueux et les plus savants; se les associa, les pénétra de son esprit et les enflamma de son zèle. Tous ensemble, dans la chapelle même où fut décapité l'Apôtre de Paris, le jour où l'Eglise célèbre le triomphe de Marie comme un gage du sien, au nom du Dieu trois fois saint qui se donne à eux par la communion, ils s'engagent solennellement à passer en Palestine, pour convertir les infidèles du Levant. Aussitôt ils partent pour Rome, où ils n'attendent que l'occasion favorable pour remplir leur vœu. Mais en la leur refusant, Dieu montra clairement qu'il ne les voulait pas dans cette partie du monde. Aussi, après avoir renoncé à tout, ils courent se jeter aux pieds du souverain pontife, le conjurent instamment d'agréer leurs services, et s'obligent à exercer le ministère de la parole partout où il lui plaira de les envoyer.

Quatre nouveaux athlètes élevèrent bientôt cette compagnie au nombre de dix, qui tous ignoraient encore la grandeur de leur destination. Leur chef lui-même ne savait quel nom donner à son ordre, quand enfin le Sauveur lui enjoignit, par une révélation particulière, de lui donner ce nom terrible qui fait fléchir tout genou, et au sein des délices du paradis, et au milieu des larmes de cette terre ingrate, et jusque dans les brasiers de l'éternel abyme. Etablis pour régénérer le monde chrétien que les apôtres avaient fondé, à leur exemple ils se dispersent dans les différentes contrées de l'Italie. Déja on les contemple retraçant la pauvreté du Sauveur, catéchisant les enfants, annonçant avec autorité la parole du Seigneur, et commandant à tous la concorde et la paix. La renommée les précède, la charité les conduit, la confiance les accueille, l'admiration les entoure, la reconnaissance leur élève des monuments, et les cœurs convertis volent en foule aux pieds de leurs bienfaiteurs. Aux accents de leur voix, la lumière éclaire les esprits, la grace inonde les ames, la discorde fuit, l'hérésie se cache, la foi paraît et triomphe. La capitale du monde chrétien retentit de l'éloquence simple et noble, facile et majestueuse d'Ignace; les mœurs sont changées, tout a pris une face nouvelle.

Mais il est arrêté que la vertu la plus pure doit être épurée encore dans le creuset de la calomnie. La persécution paraît être la pierre de touche de la sainteté et le garant d'une institution divine. Image fidèle et dégoûtante des énergumènes qui, dans notre siècle, attaquent, calomnient et repoussent les Jésuites, un moine hypocrite ose accuser d'hérésie ceux-là mêmes que Dieu avait établis pour en arrêter les ravages; ses artifices extorquèrent à des juges séduits un jugement d'iniquité, qu'un miracle fit bientôt tomber sur la tête du coupable; et tels que l'or qui n'en est que plus pur après l'épreuve du feu, les Jésuites, justifiés complétement, n'en parurent que plus admirables aux yeux des peuples, et n'en devinrent que plus précieux à la religion et à la société.

Il leur manquait pourtant encore quelque chose dont il est bien permis à un catholique d'être ambitieux : la confirmation de leur ordre. Les nouveaux apôtres ne cessèrent de la solliciter auprès du pape. De grands préjugés, une forte répugnance cédèrent aux miracles sans cesse renaissants : Paul III combla enfin leurs vœux, et satisfit aux besoins de l'Eglise, en les autorisant, avec ordre de se donner au plus tôt des constitutions analogues à leur destination. Elles ne tardèrent pas à paraître; chef-d'œuvre d'élévation et de profondeur, elles respirent un tact admirable, une sagesse nouvelle, un discernement inoui. Nous allons en esquisser une analyse raisonnée, et nous en appelons au jugement de nos lecteurs.

CHAPITRE III.

Analyse des constitutions des Jésuites.

Chercher la gloire de Dieu et son propre salut, tel est le devoir de tout chrétien; chercher la plus grande gloire de Dieu, son salut et celui des autres, voilà l'obligation spéciale du religieux. Ignace le comprit et y pourvut admirablement : il ne considère rien, il ne veut rien, il n'exige rien que la plus grande gloire de Dieu; c'est au nom de la plus grande gloire de Dieu qu'on interroge les sujets, qu'on les juge, qu'on les reçoit, qu'on les utilise; c'est au nom de la plus grande gloire de Dieu qu'on établit des réglements, qu'on distribue les charges, qu'on étend le corps, qu'on gouverne tous les religieux ; c'est au nom de la plus grande gloire de Dieu qu'on s'instruit et qu'on enseigne, qu'on obéit et que l'on commande, que l'on récompense et que l'on punit, que l'on travaille et que l'on se délasse, que l'on veille et que l'on dort, que l'on commence et que l'on finit. C'est de là que l'on part, c'est par là que l'on marche, c'est là que l'on s'arrête. La plus grande gloire de Dieu, telle est leur devise, tel est leur cri de guerre, leur mot de ralliement, leur hymne de victoire; mais venons aux détails :

Se sauver soi-même, et sauver les autres, en cherchant toujours la plus grande gloire de Dieu, tel fut le principe d'où émanèrent les dispositions d'Ignace; s'enrichir de sciences et de vertus, et les communiquer gratuitement à ses semblables, telle est l'unique occupation du religieux. Or, pour atteindre ce double but, tout est réglé avec une merveilleuse sagesse. L'habillement doit être assez humble pour édifier tout le monde, assez noble pour ne rebuter personne. La nourriture sera assez frugale pour s'allier à la mortification, et assez abondante pour soutenir la force de santé nécessaire aux grands travaux. On vit dans la retraite sans sortir du monde. On est dans le monde sans sortir de la retraite; l'ame communique incessamment avec le ciel, et le corps avec la terre; tout à la fois on puise dans le sein de Dieu les vérités sublimes de la religion, et on les répand à pleines mains parmi ceux qui nous entourent. Pour éviter les inconvénients également funestes d'une trop grande facilité et d'une rigueur excessive, causes différentes, mais toujours certaines d'un prochain relâchement, la règle ne commande aucune macération; elle rend le supérieur juge de celle que la ferveur s'impose. Des fonctions aussi délicates que celles de l'apostolat, ne peuvent être dignement remplies par toute sorte de gens : les bonnes qualités, même les plus brillantes, sans la vertu, sont plus dangereuses qu'utiles; on les repousse. La vertu la plus sublime, sans les autres bonnes qualités, ne se recommande guère, ne triomphe que rarement auprès de certaines personnes : elle ne suffit pas; on en demande un heureux alliage, soutenu encore par une réputation exempte de toute note défavorable. L'appel des hommes n'est rien; il faut la vocation d'en-haut. L'ignorance occasione un grand nombre de faux pas; de solides instructions, des lectures suivies, deux ans d'une étude exclusive de l'ordre et de soi-même, éclairent la détermination ultérieure. Personne ne peut être juge dans sa propre cause : lynx pour les autres, on est taupe envers soi. L'illusion berce l'amour-propre, cache les défauts; et souvent la faiblesse parvient à se donner pour l'élévation. Témoin attentif, censeur impartial, juge sévère, un admoniteur éclairé suit le frère confié à ses soins; il l'observe, il l'étudie, il le connaît; et lui signalant avec une égale charité le mal à retrancher, le bien à perfectionner, il lui fournit les moyens d'extirper l'un et d'enraciner l'autre. Les grandes œuvres ne sont pas assez naturelles à l'homme, pour qu'il en soit capable à la première tentative : on s'y exerce de bonne heure, et les succès qu'on y obtient décident de l'avancement dans l'ordre. Destinée à régler la science, la vertu s'acquiert la première; épurée par elle, l'ame s'enrichit de toutes les connaissances qui honorent l'esprit humain. L'impatience de tout apprendre entraîne la confusion; on la modère, on la réprime, on l'arrête. L'insouciance ralentit les progrès; on la presse, on l'aiguillonne, on la pousse. Le peu d'ordre dans les études les rend infructueuses et perd le temps le plus précieux; une excellente méthode le remplace. La santé est le premier besoin du savant et de l'apôtre; on la ménage, en resserrant dans de justes bornes l'application qui voudrait prendre sur les repas, sur les heures incommodes, sur le sommeil : la contention d'esprit est prévenue par de fréquentes interruptions d'étude, par des jours de relâche, par des promenades champêtres aussi propres à délasser l'esprit qu'à remettre le corps.

Insensiblement la science affaiblit la piété; on doit la régénérer, la soutenir par une approche plus qu'hebdomadaire des sacrements, par des retours quotidiens sur la conscience, par les exercices bis-annuels d'une bonne retraite, accompagnée du renouvellement des vœux de religion. Notre nature est d'une étrange faiblesse : partout s'introduit la médiocrité, faute de talents supérieurs. Quoiqu'elle ne produise pas des merveilles, elle ne laisse pas d'avoir ses avantages; une sage condescendance, en établissant deux degrés différents, lui ménage, dans un ordre si parfait, le moyen d'y rendre ses petits services. Pour tous également, on retranche toutes les sources de la corruption; on commande tous les moyens de la pureté. La retenue garde les sens, et ferme ces portes du désordre; l'édification veut que tout dans le corps et le maintien retrace la sainteté de l'ame. L'oisiveté est un crime et devient presque une fiction. On ignore les occasions dangereuses; du moins la présence continuelle d'un compagnon en fait disparaître le péril. On refuse les gages de l'amitié, et l'on ne donne point ceux du retour. Dû tout entier au travail, l'esprit ne peut se livrer aux rêves de l'imagination : sans cesse occupé au bien, le cœur ne peut s'adonner au mal. La sobriété couronne ce qu'a commencé une sage fatigue, et la religion répare ce que la nature a ravi. Le moindre écart attire de graves corrections, et l'exclusion est la peine de la moindre opiniâtreté.

L'ambition est le vice de l'humanité : dans le dernier comme dans le premier des hommes, elle agit, elle règne, elle domine. Chacun cherche et préfère les moyens d'illustration, et personne n'en embrasse d'autres tant que la nature fait entendre sa voix. Ignace connaissait trop bien les hommes pour s'imaginer que ses disciples changeraient par là même qu'ils embrassaient sa règle. Comme les autres, ils auraient cherché à parvenir, tant que de fortes, d'éternelles barrières ne s'opposeraient pas à leurs projets d'élévation. De là, que de désordres, que de cabales, que d'hypocrisies! D'ailleurs, comme le mérite transcendant ne fixe, ne gagne mieux nulle part que dans un ordre religieux, il était évident que celui des enfants de Loyola ne manquerait pas de les mettre dans la voie des honneurs, de leur obtenir les premières charges de la hiérarchie; mais ce qu'un diocèse aurait gagné momentanément, l'Eglise l'aurait perdu pour toujours. Privé de ses membres les plus illustres, l'ordre aurait cessé de fleurir, serait tombé dans le relâchement, et aurait expiré dans le désordre. Aussi, au pied des autels, s'obligeait-on à ne briguer aucune place séculière; il n'y avait même qu'un ordre rigoureux du pape qui pût les délier de l'obligation de n'accepter aucune prélature.

La religion ne détruit rien, elle perfectionne tout: comme le religieux est meilleur chrétien, il doit être aussi citoyen plus utile : tels sont les Jésuites. Gardiens des mœurs qu'ils maintiennent, maîtres de la jeunesse qu'ils élèvent, ils ont dans leurs mains le salut des états; ils les arrachent à l'anarchie, les élèvent au dernier point de prospérité et les y conservent. Leur foi édifie les fidèles; leur modeste retenue, les évêques; leur soumission, les princes, et leur charité, toute l'Eglise. Les peuples et les particuliers, les étrangers comme leurs frères, les rois comme leurs supérieurs, leurs ennemis comme leurs bienfaiteurs, tous ont une égale part dans les vœux qu'ils adressent au Ciel, dans les faveurs abondantes qu'ils en obtiennent. Les dégoûts de la maladie, les angoisses de la détresse, la honte de la prison, rien ne les arrête. Partout ils cherchent des malheureux à soulager, des malades à soigner, des affligés à consoler. Il faut que leur exemple ait assez de force pour entraîner le riche sur leurs pas, et que tous ensemble ils sèment partout la paix, les bienfaits et le bonheur. Quand leur piété se sera affaiblie dans le monde, une lecture pieuse la ranimera en les instruisant; et dans leurs moments de loisir, déposant leurs propres idées sur le papier, des livres précieux en transmettront la propriété et les fruits à toute la postérité.

Ministres de la paix, assis sur le tribunal sacré pour corriger le vice, ils doivent y porter les plus grandes dispositions, et y prendre les précautions les plus sages. Les lumières ne seraient rien sans la vertu; la vertu sans les lumières serait infructueuse : ni l'une ni les autres ne se recommanderaient guère dans un âge peu mûr. Les yeux ne doivent connaître, dans le pénitent, d'autre différence que celle qui résulte des vertus et des vices. L'éloignement du danger ne doit rien retrancher de la grandeur des mesures : entre l'écueil et soi il faut toujours une forte, une épaisse digue. L'esprit de prosélytisme ne peut ni donner les vocations, ni les insinuer, ni les influencer. Comme rien n'égale la délicatesse qu'il faut pour diriger la conscience des princes, il n'y a qu'une espèce de nécessité qui puisse imposer une obligation de cette nature. Alors on s'oublie soi-même, on oublie ses frères, on oublie son ordre, on oublie tout le monde, et l'on ne traite avec le souverain que pour le bonheur de ses sujets.

Muette depuis Bernard et Ferrier, l'éloquence n'était ressuscitée que pour devenir l'arme du mensonge et le glaive de l'hérésie. Ignace la ramenant à sa destination, lui confia le dépôt de la foi et le trésor des mœurs. Son ordre dut former d'habiles prédicateurs, et le choix qu'il prescrivit ne put qu'être couronné d'un entier succès. Préparés dès les premières études, ils doivent porter dans la chaire un véritable talent et un zèle généreux. Le sentiment remplacera la froide discussion; et à l'érudition puérile succédera la simplicité. Ce n'est rien que de signaler l'écueil et d'indiquer la route; il faut fournir les moyens d'éviter le premier et de suivre la seconde. Comme l'amour-propre idolâtre son travail, la critique d'un censeur éclairé rappellera le bon goût éludé par l'illusion de la vanité; une doctrine exacte doit être relevée par un langage noble, par une voix réglée, par un geste soigné. Le désir d'être utile ne doit laisser aucune place au désir de devenir célèbre: dans les triomphes, au lieu de l'orgueil une modestie sincère; dans le peu de succès, une entière résignation; toujours le désintéressement le plus pur; jamais de la jalousie dans la concurrence; et dans le mal et dans le bien, égale vérité; dans tous deux, égale simplicité.

La jeunesse étant la partie la plus intéressante de la société, dont elle est l'espoir, et dont elle sera bientôt l'arbitre, c'est d'elle aussi que s'occupe spécialement le saint fondateur, et c'est ici surtout qu'il se montre supérieur à tout son siècle. L'impartialité du maître garantit à chaque élève une pleine équité dans la récompense et dans la punition. Dans la première, il faut toujours un air de générosité qui la relève; dans la seconde, un air de modération qui l'adoucisse en la justifiant. Faite pour être chérie et baisée, sa main laissera toujours à celle d'autrui le soin d'imprimer la crainte et le repentir. Destinée à gagner et à captiver, sa voix ignorera l'offensant reproche, et ne connaîtra que l'amicale exhortation. Père également tendre de tous ses élèves, ni la fortune, ni la recommandation, ni la sympathie ne décideront de ses faveurs. Si le coupable repentant mérite grace, l'obstiné en est indigne; l'intérêt commun exige qu'on le renvoie. Les largesses savantes enrichissent les élèves des trésors de l'antiquité; l'histoire leur transmet l'expérience des siècles; la géographie leur assigne le théâtre des grands événements, et dans la chronologie ils en trouvent les époques. Bientôt les belles-lettres embellissent toutes ces connaissances; la lecture interroge les grands maîtres de Rome et d'Athènes; l'analyse dérobe leur secret, et des essais fréquents apprennent à s'en servir. La philosophie prête son flambeau et sa force aux principes et aux conséquences, que lient étroitement les mathématiques. Enfin la théologie transporte les esprits dans cette région céleste qu'habite Dieu, et que l'homme habitera avec lui au sein de la gloire et du bonheur.

La religion répandra partout sa douce influence, et sa force suppléera à la faiblesse de la nature et à l'impuissance des lois. C'est elle qui subjugue la passion; elle qui rend le joug aimable; elle qui remplit d'attraits le devoir le plus pénible. Continuellement aux prises avec nos coupables penchants, il serait à craindre qu'elle ne perdît son autorité : la solide piété lui prête ses maximes et la nourrit de ses pratiques. Toutes ces mesures seraient encore inefficaces, si les mœurs n'étaient dérobées à la fougue de l'âge et à la séduction de l'exemple; dès lors le fruit de la meilleure éducation serait perdu. Aussi, le point capital est-il l'objet de l'attention du professeur, de la vigilance du préfet, de la sollicitude du recteur, de l'inspection du provincial; et en ce point surtout la soumission de l'élève ne doit connaître aucune borne. Opposant ensuite la nature à la nature, Ignace veut que le cri de l'honneur étouffe le cri de la passion, que la distinction aiguillonne le talent; que l'amour-propre trouve son intérêt dans la vertu, et que la récompense fixe chacun dans son devoir. Enfin, comme les mœurs ne se soutiennent guère que par les bonnes manières, l'élève sera formé à la décence, à la modération, à la réserve et à un air de dignité.

Mais que deviendraient tant de mesures, si elles étaient démenties par le choix des maîtres? La malignité n'y découvrira donc rien qui puisse lui servir d'aliment : leur âge sera assez avancé pour leur assurer le respect, et assez peu pour leur concilier la confiance; leur franchise, assez prononcée, pour éloigner toute inquiétude; leur désintéressement assez pur, et leur zèle assez ardent, pour prodiguer leurs services, sans attendre, sans accepter jamais la moindre récompense. Ils seront assez pénétrants pour deviner les caractères, assez habiles pour les manier, assez heureux pour les appliquer; tels enfin qu'il les faut pour former des citoyens vertueux et de pieux chrétiens.

Toujours animé par la plus grande gloire de Dieu, ce ne fut pas assez pour Ignace de travailler à rajeûnir le christianisme : fidèle à son premier plan, il voulut propager la religion, et former à cet effet des hommes qui amenassent de nouveaux enfants dans le sein de l'Eglise, sans employer d'autres armes que la vérité, sans exercer d'autre violence que celle des miracles, sans verser d'autre sang que le leur. Quoique les missionnaires se fussent multipliés depuis quelque temps, leur nombre n'était pas proportionné aux besoins de l'Eglise; et le nouveau monde qui venait d'éclore, semblait demander de nouveaux apôtres. Ignace, résolu de pourvoir à ce nouveau besoin, créa un moyen nouveau : il fut enjoint aux profès de s'astreindre, par un vœu particulier, à porter la parole du Seigneur partout où le pape les appellerait, et à tout quitter au premier ordre qu'ils en recevraient. Comme tant de perfection n'est pas toujours unie à la meilleure volonté, une longue expérience peut seule révéler à chacun le secret de ses forces. On achève donc toutes ses études sans prendre aucun engagement irrévocable; ne s'engageant ensuite qu'avec une entière connaissance, nul ne se repent de sa démarche, ne pleure tardivement sa liberté, ne cause ni trouble, ni scandale, et ne nécessite, dans la maison de l'ordre, aucune de ces prisons abhorrées qui déshonorent la religion et qui scandalisent l'homme du monde.

Dans les missions, on étend le royaume du Seigneur, on enfante des chrétiens, on forme des élus : leur importance, leur prix les légitime. Il faut renoncer à tout, se dépouiller de tout, se condamner à tout; les sacrifices en exigent un vœu spécial. Il faut un égal courage et une prudence égale; ce n'est que dans l'âge du profès que l'on trouve cette expérience précieuse, unie aux plus solides vertus. Etablis pour satisfaire aux besoins de l'Eglise, il faut qu'ils se soumettent à ceux qui peuvent les connaître; voilà pourquoi on fait ce vœu au souverain pontife qui, du haut des sept collines, comme les anciens Romains, promène ses regards sur l'univers, embrasse d'un seul coup d'œil toutes les nations, et calcule l'étendue et la nature de leurs besoins différents. Prêts à partir au premier signal du pape, ils ne pourront exécuter son ordre que lorsque les princes n'y apporteront aucun obstacle légitime. Une déclaration expresse fit, dans la suite, passer en loi formelle ce qui n'avait été que recommandé par Ignace, en prescrivant le respect envers les évêques, et la fidélité aux princes. Le Jésuite ne peut donc être déplacé sans l'agrément de son souverain. Lorsqu'il l'obtiendra pour être envoyé en mission étrangère, il choisira les pays où le besoin est plus pressant, où l'espoir est plus fondé, où les résultats sont plus importants. La grandeur des travaux, celle des obstacles, la nature des uns et des autres, président seules au choix du missionnaire. Abandonné à lui-même, il pourrait manquer de lumières, succomber à l'excès de la fatigue, se laisser abattre à la vue des difficultés : un compagnon l'éclaire de ses conseils, l'anime de sa présence, et le soutient par son zèle. Il faut encore que la nature prête secours à la grâce: tout à tous, on abandonne l'indifférent pour obtenir l'essentiel; on adopte les manières, les usages non repoussés par la raison, pour les échanger contre la religion chrétienne. On n'enseigne que la vraie piété, jamais la superstition ou le fanatisme ; on prêche la dépendance et non la révolte. Au dessus de toute considération humaine, on ne cherchera ni ses aises, ni ses avantages, ni ses plaisirs : on bravera avec une égale générosité les sables brûlants de l'Afrique et les neiges éternelles des pôles, les déserts de l'Arabie et les sombres solitudes du Nouveau-Monde, la science du mandarin et la stupidité du Groenlandais, la civilisation du Chinois et la barbarie de l'anthropophage Caraïbe.

CHAPITRE IV.

Du Général des Jésuites.

Sans capitaine, la plus belle armée ne peut rien ou fort peu. Dans toute multitude dépourvue de cet heureux accord qui résulte de la concentration du pouvoir, le nombre embarrasse, l'ardeur arrête, et le mérite nuit. Athènes ne triompha à Marathon, que quand Miltiade ne partagea plus avec personne un commandement que lui céda tout entier le désintéressement du patriotisme. Ce fut toujours un seul homme, revêtu du pouvoir le plus étendu, qui sauva Rome dans tous ses périls extrêmes. Pour lier les masses, pour les animer et les mettre en jeu, il faut qu'un seul homme les commande, les dispose, les conduise. Ignace créa un général auquel tout l'ordre est soumis. Il gouverne tous les religieux; des supérieurs locaux tiennent sa place, et dans leurs personnes, des inférieurs respectifs lui paient le tribut de leur soumission. Liés à eux par des rapports plus étroits, par eux aussi, ils tiennent au général; tous ensemble, ils ne forment avec lui qu'un seul corps dirigé par une seule tête, animé par une seule ame. Quelle autorité ne faut-il pas à ce chef, pour la conduite d'un corps qui deviendra, pour ainsi dire, immense! Établi pour se répandre comme les besoins auxquels il doit remédier, il comptera bientôt une multitude innombrable de religieux. Justes appréciatrices de leurs talents et de leurs vertus, les Eglises les appelleront dans leurs chaires; les provinces et les villes, dans leurs établissements d'instruction publique, établissements qu'elles multiplieront encore, pour recueillir les fruits des travaux de maîtres si habiles. Envoyés par le père commun des fidèles, emportés même par leur zèle, leurs missionnaires franchiront les mers, porteront l'Evangile dans les contrées les plus lointaines, et vaste comme la religion qu'il doit défendre, cet ordre embrassera les deux hémisphères. Je le répète donc : quelle vie ne faut-il pas dans le général pour animer cette masse énorme? quelle force pour lui imprimer ce mouvement puissant qui doit le rendre si terrible à l'erreur, si formidable au crime? Quelle autorité, pour disposer de si nombreux sujets à des fonctions si variées et si pénibles, et pour éviter ces lenteurs qui font perdre les occasions précieuses qui ne reviennent plus? Aussi Ignace lui mit-il tout entre les mains: c'est le général qui crée les provinciaux, les supérieurs, les recteurs, les noviciats; il est maître de tout, et en dispose selon son bon plaisir, sans pourtant pouvoir rien aliéner ou s'approprier.

Mais un pouvoir si étendu, si vaste, combien de temps demeurera-t-il dans les mêmes mains? ce maître si absolu, le nommera-t-on à vie, ou le changera-t-on annuellement? De graves inconvénients se présentent de part et d'autre, et paraissent se balancer : d'un côté, c'est le danger d'un premier mauvais choix auquel on ne saurait remédier trop tôt; de l'autre, c'est la difficulté de trouver des sujets capables de se succéder aussi rapidement; ici c'est la crainte de voir tourner en abus une autorité trop prolongée; là, c'est une foule d'autres dangers qu'on ne saurait trop faire sentir. C'est la coutume de changer annuellement les chefs, qui substitue l'impéritie à l'expérience, qui, par la fréquence des nominations, nourrit les prétentions, entraîne les cabales, excite les troubles, et amène les choix du vil intérêt ou de l'aveugle passion. C'est elle qui paralyse la meilleure volonté, et entrave les projets les plus heureux. Que peut tenter un chef d'une année? Avant qu'il ait exécuté son plan, un successeur lui sera donné; peut-être celui-ci ne goûtera pas le dessein de son prédécesseur, n'aura pas assez de génie pour le poursuivre; ou il n'y attachera pas assez d'importance, ou bien il s'en appropriera la gloire. Que reste-t-il donc à celui qui l'a conçu? La honte de le voir demeurer imparfait, le déplaisir de le voir traîner en longueur, le regret d'avoir fait des dépenses inutiles, le chagrin d'en voir tout l'honneur passer à un autre qui n'aura rien, ou presque rien fait. Peut-on toujours trouver des ames assez généreuses pour se mettre au dessus de ces imposantes considérations? De quel crédit encore jouira ce chef d'une année? Hier il était confondu dans la foule, aujourd'hui il est élevé au dessus de ses semblables ; demain il s'ensevelira de nouveau dans les rangs de la multitude, pour n'en plus sortir une seconde fois. Ne peut-on pas impunément se permettre de lui manquer? avant qu'il se soit assuré de l'injure, avant qu'il en ait fait justice, il ne sera plus : sa place sera occupée par un autre que l'intérêt de la discipline ne pourra porter à sévir contre le délinquant. S'étant volontairement dépouillé d'un pouvoir immense, Sylla se vit insulté par un jeune étourdi, et prédit que cet exemple instruirait bien des gens. De plus, combien la science du gouvernement n'est-elle pas difficile à saisir! Un chef d'une année passerait son temps à se reconnaître dans son nouveau poste ; et au moment qu'il commencerait à pouvoir agir, il céderait sa place à un autre qui ferait de même. C'est ainsi que tous passeraient, ne laissant dans leur administration que leur nom, et souvent que leurs fautes.

Heureux donc, et mille fois heureux le législateur qui saurait exclure cet ordre de choses, et établir l'autre sans en courir les dangers, sans en subir les inconvénients! Heureuse, et mille fois heureuse, l'administration où les chefs les plus dignes, développant chaque jour leurs talents supérieurs, concevraient des plans plus sages les uns que les autres! où les chefs médiocres, si jamais il pouvait s'en rencontrer, ne seraient point exposés à suivre les faibles impressions de leur esprit rétréci! où ni les uns ni les autres ne pourraient abuser d'une autorité dont la mort seule dépouillerait la bonne conduite, qu'une prompte et infamante déposition arracherait à la tyrannie, à l'imprudence indocile! Tel est le secret admirable qu'Ignace sut découvrir et employer; et c'est en ce point principalement qu'il montre, dans tout son jour et dans tout son éclat, sa supériorité en fait de gouvernement.

Comptant peu sur un choix qui, bien que très difficilement, peut quelquefois n'être pas satisfaisant, et sur les plus brillantes qualités, toujours capables de s'égarer quand elles sont abandonnées à leur suffisance ou à leur présomption, le législateur entoure le général d'un conseil qui l'éclaire de ses lumières, qui le soulage de ses fatigues en partageant ses travaux, qui le seconde puissamment par un admirable concert de volontés. Ce n'était point encore assez : il fallait que le général ne pût composer son conseil à son choix, ou impunément agir en dépit de ses représentations. Aussi c'était l'assemblée générale de l'ordre qui nommait les six assistants; et, bon gré mal gré, il ne pouvait en avoir d'autres. Chargés d'inspecter ses actions, ceux-ci lui faisaient connaître ce qu'ils avaient remarqué d'irrégulier dans sa conduite ou dans son administration, par la voix d'un admoniteur, élu de même par la congrégation. Ils pouvaient, au besoin, convoquer sans sa participation l'assemblée générale pour le déposer; et même, en cas urgent, sur le simple suffrage par lettres des provinces, ils pouvaient eux-mêmes le dépouiller d'une autorité dont il abusait. Dans le premier cas, chaque province envoyait à Rome plusieurs députés; et, tous réunis, loin de l'influence du général, ils délibéraient s'il y avait lieu de procéder à la déposition. Pour que tout se passât avec une entière liberté, un scrutin secret, en manifestant le vœu commun, dérobait les particuliers aux ressentiments du chef qui serait demeuré en place. Or, dans cet ordre de choses, que pouvait le général? comment aurait-il abusé de son autorité? n'était-ce pas pour lui une nécessité indispensable d'en faire, pendant toute sa vie, l'usage qu'on était en droit d'attendre?

Ces sages mesures étant prises, cette obligation inévitable du bien étant imposée au général, que restait-il à faire? Il fallait lui mettre en main tous les moyens pour ne rien hasarder, pour agir en tout avec une entière connaissance de cause. Ne pouvant se trouver également dans tous les lieux où se répandrait son ordre, il choisit Rome pour sa résidence. Là, au centre de toutes les communications religieuses, au point de réunion de toute la chrétienté, il voit tout, il examine tout, il connaît tout, il pourvoit à tout.

Les charges étant de la plus haute importance, ne doivent se confier qu'au solide mérite, parce que lui seul peut procurer la plus grande gloire du Seigneur, l'éclat toujours brillant du corps, le salut toujours sûr du prochain : rien aussi n'est plus à craindre que les mauvais choix, parce qu'ils paralysent les meilleurs projets et ruinent les meilleures entreprises. Comme auprès de supérieurs bien intentionnés, les mauvais choix ne peuvent provenir que du peu de connaissance des sujets, pour les éloigner on n'a qu'à prescrire tous les moyens de bien faire connaître au général tous ses inférieurs. A cet effet, tous les supérieurs particuliers rendent chaque année un compte exact, détaillé et presque minutieux de chaçun de leurs inférieurs respectifs. Un catalogue en marque l'âge, les forces, les talents, l'avancement dans les sciences et dans la vertu. Le député de chaque province qui le porte, doit encore y suppléer de vive voix. S'agit-il ensuite de quelque promotion tant soit peu considérable, une enquête générale sur toute la vie du candidat est faite par quatre personnes qui ne se connaissent pas, et qui en envoient le résultat au général, avec un impénétrable secret.

Pour établir une harmonie parfaite entre les supérieurs particuliers et le général, pour ménager à tous les inférieurs un accès facile auprès de celui-ci contre les caprices ou les injustes préventions, les supérieurs et les provinciaux devaient écrire au général au moins une fois dans le mois; les profès, au moins deux fois dans l'année; et tous, supérieurs ou inférieurs, vieux ou jeunes, s'adressent à lui quand bon leur semble, pourvu qu'ils le fassent toujours avec le respect des enfants envers un tendre père. Les lettres étaient envoyées au général lui-même ou à ses assistants, et personne autre ne pouvait impunément en dérober le contenu.

Finissons en exposant la nature de la soumission des Jésuites à tous leurs supérieurs.

Devenant religieux, sans cesser d'être citoyens, se devant encore à la patrie, tout en se devant déja à la religion, comme sous Philippe II et comme sous Louis XIV, ils n'obéissent que quand l'intérêt de leur patrie n'est point compromis dans leur obéissance. Ils ne doivent la soumission que quand ils la donnent sans ombre de faute ; le même institut qui ordonne d'obéir pour le bien, défend expressément de se soumettre pour le mal ; la voix de l'homme n'est entendue que quand la voix de Dieu cesse ; on n'obéit point à son semblable : une douce illusion persuade que c'est à Jésus-Christ, et les supérieurs et les princes en paraissent également la vivante image. Rien ne jouit à leurs yeux du mince et souvent dangereux privilége de l'indifférence : pour s'accoutumer à obéir dans les grandes choses, on commence toujours par obéir dans les moindres ; au premier signe, on abandonne tout, même une lettre à demi formée ; on ignore jusqu'à la pensée d'agir différemment; on est entre les mains de la Providence comme un bâton rompu, docile à tous les mouvements, comme un cadavre insensible à toutes les impressions ; l'examen arbitraire ne peut, ni retarder les projets, ni les faire échouer, ni troubler le mouvement général, ni amener la licence, l'anarchie, la ruine de l'ordre. Cependant un examen raisonnable apprécie les ordres, ennoblit l'obéissance, et la rend digne de l'homme et de Dieu. L'espèce d'aveuglement qui la caractérise, ne consiste qu'à ne pas s'arrêter à de vains prétextes, à des considérations du moment, au cri de l'amour-propre froissé ou de la passion déjouée. Jamais il n'empêcha que les Jésuites, devenus les plus éclairés des hommes, n'éclairassent tous leurs semblables, et que le bâton rompu, comme le cadavre insensible, ne sauvât le monde entier de la mort de la foi et du déluge de l'ignorance : une liberté sage et une soumission éclairée se lient, se marient, se donnent la main.

Comme le sujet obéit à son prince, comme le fils obéit à son père, comme le disciple obéit à son maître, le religieux aussi obéit à son supérieur; comme eux, il est libre dans sa dépendance; comme eux, il n'est hors ni de la liberté chrétienne, ni de la liberté naturelle; comme eux, il se trouve placé dans cette chaîne de dépendance que Dieu a établie, que la nature nous retrace, que le christianisme adoucit et perfectionne, que nos intérêts et nos besoins commandent impérieusement : dépendance de penchant et de choix, dépendance de plaisir et d'intérêt, dépendance de jouissance et de bonheur, dépendance de règles certaines et non de caprices bizarres, d'amour et non de crainte; elle ne saurait être assimilée à l'esclavage; elle n'est contraire qu'à cette fausse liberté, qui n'est qu'une exemption de tout devoir et de tout frein.

Telles sont les fameuses constitutions des Jésuites; telles sont celles qu'ils ont constamment suivies, et qu'ils suivent encore de nos jours; constitutions admirables qui ont obtenu l'approbation solennelle de plus de vingt souverains pontifes, la protection spéciale des plus grands rois, qui ont ravi les éloges de tous les saints les plus illustres, et les louanges des savants les plus distingués, qui ont forcé l'étonnement de tous les plus grands hommes d'état, et mérité l'admiration des siècles passés; constitutions puissantes qui ont formé les interprètes les plus éclairés de la foi, les plus courageux apôtres des nations nouvellement découvertes, les maîtres les plus habiles dans les sciences, les plus éloquents orateurs de la morale chrétienne, les modèles les plus accomplis de la vertu, et les plus sages législateurs; et qui, au témoignage de Richelieu, suffiraient pour gouverner l'univers entier, pour ne faire de toutes les nations qu'un seul peuple, et pour rendre ce peuple le plus heureux qui eût jamais existé; constitutions bienfaisantes qui ont épuré et même sauvé les croyances, qui ont ressuscité et ranimé les lettres, conservé et perfectionné la civilisation, qui, en terrassant le génie de l'impiété et le démon de l'hérésie, et en brisant la verge exterminatrice de tous deux, en ont toujours été la terreur et le fléau, ainsi que le rempart assuré de tous les fidèles, la consolation de l'Eglise, la gloire du catholicisme, le triomphe de l'Evangile, le bonheur du genre humain, l'œuvre et l'amour du Ciel; constitutions, enfin, telles qu'il les fallait dans les circonstances nouvelles qu'allait parcourir la religion, dans les épreuves qu'elle avait à subir, dans les combats qu'elle avait à soutenir, dans les triomphes qu'elle devait remporter.

CHAPITRE V.

Progrès de l'ordre des Jésuites ; son établisement en France.

Il ne faut qu'un instant pour que les institutions grandes et nobles fixent les regards, forcent l'admiration et ravissent la confiance. Il n'y a que des préjugés violents, que de noires passions, que la haine forcenée du bien, que la fureur prononcée du mal, qui songent à leur résister, qui tentent de les combattre, qui osent les repousser. Quand, surtout, elles ont un rapport particulier avec les besoins de l'époque, on ne fait que les considérer, on tombe prosterné, on les accueille avec enthousiasme. Telle fut l'heureuse expérience que fit la société d'Ignace. Ses disciples, portant dans leurs cœurs, plus encore que dans leurs mains, son code immortel, se présentent aux nations : elles regardent, poussent un cri, et tressaillent d'espérance. Un instinct soudain, un pressentiment irrésistible leur déroulent en un instant la destinée future de ces hommes généreux. En eux, elles croient déja apercevoir les pères des lettres, les soutiens de la morale, les défenseurs de la foi, la gloire de l'Eglise et le triomphe de l'Evangile. Ils apparaissent comme des astres bienfaisants destinés à guider le voyageur égaré dans les horreurs d'une nuit sombre ; comme des héros invincibles, dont la seule présence va chasser la discorde et bannir la guerre, ainsi que le soleil dissipe les nuages; comme des médiateurs dont la puissante entremise, éteignant les inimitiés, désarmant les partis, établira partout une paix solide et durable. Regards, espoir, amour, tout s'arrête sur eux, tout repose en eux, tout se réalisera en eux.

Aussi leur société, bornée d'abord à soixante profès, s'accrut prodigieusement en bien peu de temps : elle s'étendit, en quelques années, en Italie, en Espagne, en Portugal, en Allemagne, dans les deux hémisphères, dans presque tout l'univers connu ; et son saint fondateur eut la consolation de ne mourir qu'après l'avoir vue opérer d'étonnantes merveilles, acquérir de nombreuses maisons, faire partout des heureux.

La France, où elle était née, fut le dernier royaume catholique qui les accueillit ; et déja l'Europe entière bénissait leur influence bienfaisante, qu'elle même ne l'avait pas encore ressentie. Les maux que Charles-Quint avait causés à la France étaient présents à tous les souvenirs; la haine qu'on avait conçue contre la nation perfide qui s'était jouée de la loyauté de François Ier, nous mettait en défiance contre tous les hommes qui lui devaient le jour. Cette défiance allait au point de nous faire rejeter cette compagnie, par la seule raison qu'elle était composée presque exclusivement d'Espagnols et d'Italiens ; quel que fût d'ailleurs leur mérite, on fermait les yeux sur ce point important, et l'on ne voulait voir que la qualité d'Italien ou d'Espagnol. Les malintentionnés profitèrent de cette circonstance, aigrirent les esprits, et leur rendirent suspects des hommes qui méritaient si peu de l'être. Le Parlement opposait ses remontrances, ses refus, sa force d'inertie ; la Sorbonne mettait en avant ses délibérations, ses conclusions et ses droits ; l'Université tremblait pour ses enseignements, alléguait ses titres, ses services, sa possession ; tous les méchants faisaient retentir leurs cris, leurs menaces ou leurs vaines frayeurs. Mais les miracles reproduits sans cesse par les Jésuites, et renaissant continuellement sous leurs pas, firent tomber les préjugés et taire les passions. Déja les cœurs sont gagnés, et la France possède ces hommes précieux qui doivent lui assurer tant d'avantages, lui rendre tant de services, lui donner une si grande illustration.

Dès ce moment, rien ne s'oppose plus aux progrès de la société de Jésus. Les villes se disputaient leurs établissements d'éducation ; les familles s'empressaient de leur confier leurs espérances les plus chères ; tous les grands hommes s'estimaient heureux de perdre, dans sa sainte obscurité, le nom de leur antique famille, l'aisance et le luxe de leur fortune, l'éclat de leurs talents et la grandeur de leurs postes. Les rois les plus absolus accueillaient leurs vertus, interrogeaient leur modestie, écoutaient leur sagesse, et leur commettaient la direction de leurs plus précieux intérêts ; les souverains pontifes les rangeant autour de leurs personnes, comme les plus dévoués de leurs défenseurs, les chargeaient des affaires les plus importantes, comme les plus habiles négociateurs, et leur confiaient les postes les plus périlleux, comme aux guerriers les plus intrépides. Déja toutes les chaires retentissaient de leur éloquence simple et sublime, élégante et naturelle; et aux invitations de leurs voix puissantes, les mœurs renaissaient, et la foi remportait des triomphes éclatants. Cultivées par leurs mains, les sciences déroulaient leurs dédales, révélaient tous leurs secrets, étalaient tous leurs trésors; on en reculait les bornes, et par leurs ouvrages immortels, elles se répandaient avec une rapidité étonnante dans la société qu'elles éclairaient de leurs lumières, qu'elles animaient de leur vie, qu'elles embellissaient de leurs charmes : un élan général était donné, et l'on marchait à pas de géant dans leur immense carrière. Loin des illusions du siècle, sous les ailes de la religion, la jeunesse ne respirait que l'air pur de la vertu; l'aménité des maîtres faisait oublier la sécheresse des principes, et toutes les leçons étaient admirablement soutenues par des exemples sublimes. Le sanctuaire en recevait ses lumières les plus éclatantes, et ses plus fermes colonnes; la magistrature ses organes les plus éclairés, ses plus habiles jurisconsultes et ses juges les plus intègres; l'art militaire, ses capitaines les plus expérimentés et ses héros les plus courageux; la société entière, ses enfants les plus soumis, ses parents les plus tendres, ses époux les plus fidèles, et tous ses plus vertueux citoyens. Un cercle étroit était tracé aux progrès de l'hérésie, qui voyait échapper à ces lacs perfides un grand nombre des malheureux qu'elle avait joués. Tandis que l'avide commerçant et le politique cruel ne portaient aux peuples nouvellement découverts que les fers de la servitude, que les malheurs d'une civilisation cent fois plus triste que la barbarie, eux portaient à ces mêmes peuples la lumière de l'Evangile, la grace du Seigneur, la liberté des serviteurs du Tout-Puissant. Bien différents de leurs vils compatriotes qui ne cherchaient que l'or, et qui le cherchaient jusque dans les entrailles de leurs victimes, ils préféraient évangéliser les contrées les plus incultes, les hommes les plus abrutis, les peuplades les plus sauvages et les plus misérables; et si, par les sacrifices les plus pénibles, par les plus cruelles fatigues et à travers mille dangers, ils parvenaient à leur procurer les douceurs de la société, la connaissance du Dieu véritable, et la foi du chrétien, ils n'en recevaient, ils n'en attendaient aucune récompense terrestre; ils ne demandaient que la concorde dans leurs colonies, que la paix parmi leurs enfants, que le bonheur de toutes leurs familles. Tout à tous, ils se pliaient aux présages grossiers de leurs néophytes, jusqu'à ce que ceux-ci pussent s'élever insensiblement à la hauteur de notre civilisation, dont ils reproduisaient bientôt les avantages sans aucun des inconvénients.

Xavier a frayé la route à ses compagnons d'armes. Parti de Portugal, avec sa seule confiance au secours d'en-haut, il a rappelé le vrai Dieu aux fidèles de saint Thomas; il l'a enseigné aux îles principales qui bornent l'orient de l'Asie. Le Ciel a béni sa mission par des fruits précieux; il l'a confirmée par de nombreux miracles, et l'a couronnée par une mort glorieuse. Animés par cet exemple, les Jésuites ne peuvent plus contenir l'ardeur qui les dévore. La haute Asie n'est plus assez distante; l'Afrique ne renferme plus assez de déserts, assez de monstres; l'Amérique ne compte plus assez de forêts, assez de cannibales pour effrayer leur courage; ni les dangers de la terre, ni les gouffres de la mer, ni les horreurs de la faim, ni les angoisses de la détresse, rien ne les arrête, rien ne les retarde, rien ne les étonne. Ce n'est plus qu'une nuée de guerriers qui vont combattre la barbarie et l'idolâtrie, qu'un essaim de législateurs qui font fleurir partout les institutions les plus sages, qu'une troupe généreuse d'apôtres qui plantent partout la croix, et qui partout rangent les hommes à son heureux empire.

CHAPITRE VI.

Divers prodiges, surtout de charité et de courage, opérés par les Jésuites.

Déja l'intrépide Ricci a pénétré dans la Chine; vainqueur de tous les obstacles, jouissant de la confiance de l'empereur, il obtenait à ses compagnons d'immenses priviléges, qui tous tournaient à l'avantage de la religion. Infatigable dès qu'il s'agissait de la gloire du Seigneur et de l'intérêt de la vérité, seul, au fond de l'Asie, il réfutait à la fois les lettrés de la Chine, confondait la calomnie en Europe, instruisait l'empereur, et conservait les églises naissantes. Verbiest, succédant à l'immortel Schall, réformait le calendrier, et réglait les fastes d'un grand empire. Son mémoire, minuté de la main même de l'empereur, obtenait, des disciples de Confucius, réunis à cet effet, une sentence honorable au christianisme. Appelés de Paris, ses confrères vont retracer toute l'urbanité française à la cour de Pékin; ils partent armés du compas et du télescope; et tandis que dans le mouvement des astres, ils montrent le nom et la main de celui qui les fait rouler sur nos têtes, Fontenelle reçoit, en langue tartare, ses propres ouvrages traduits par le savant Parennin.

A l'est du Grand-Empire, dans les îles du Japon, se renouvelaient les premiers combats et les premiers triomphes de la religion chrétienne. Jouets d'une défiance injuste et d'une politique cruelle, les empereurs rappelant les Néron et les Domitien, retraçaient l'horreur de leurs sanglantes proscriptions; mais les généreux néophytes, l'enfant comme le vieillard, la vierge comme le guerrier, suivaient les missionnaires au supplice, confessaient Dieu au milieu des tourments, et remportaient la palme d'un illustre martyre.

Dans l'autre hémisphère s'opéraient des prodiges plus étonnants encore : au centre de la plus riche péninsule, dans les immenses forêts qui dérobent aux rayons du soleil les rives verdoyantes du Paraguay, les plus merveilleuses fictions de la fable se réalisaient et restaient de beaucoup en dessous de la vérité. Les accords d'Amphion et la lyre d'Orphée attiraient les arbres, faisaient mouvoir les pierres et bâtissaient les villes; Solon et Lycurgue, Pythagore et Platon ressuscitaient dans ces épaisses solitudes, et s'étonnaient de voir leur législation perfectionnée par d'obscurs missionnaires, et leurs imaginaires conceptions réduites en une admirable pratique.

Aux accents de Macetta et des Cataldino, le sauvage, oubliant sa vitesse, s'arrêtait immobile aux pieds du missionnaire; il ne songeait plus à s'élancer ni dans la profondeur de la forêt, ni à la cime de l'arbre antique, où souvent, comme un nid d'aigle, était suspendue son aérienne demeure. Tenant d'une main un humble bréviaire, et de l'autre une grosse croix, les Jésuites s'avançaient, traversant les rivières, franchissant les montagnes, perçant l'épaisseur des bois, sans craindre de chercher des hommes dans les antres où d'énormes serpents venaient de dévorer quelqu'un de leurs frères, dans les précipices où le sauvage ingrat et cruel avait percé de flèches un bienfaiteur généreux : s'ils venaient à rencontrer quelqu'une de ses dépouilles mortelles, ils creusaient une fosse, lui confiaient le dépôt sacré, et sur la tombe même chantaient une hymne en l'honneur du nouveau saint.

Etonnée de tant de prodiges gratuits de courage et de dévoûment, la horde sauvage accourait se ranger d'elle-même autour de l'apôtre, l'écoutait en silence, et regardait comme pour la première fois le ciel qu'il lui montrait. Saisie soudain d'une frayeur religieuse, elle s'élançait de nouveau dans l'horreur de la solitude, malgré les prières du missionnaire qui s'efforçait de la retenir. Reposant alors sa confiance dans la croix, celui-ci la plantait sur le rocher solitaire; puis, transformé en chasseur habile, et se plaçant en embuscade, il attendait patiemment sa proie. Les sauvages attirés, comme par un aimant secret, revenaient bientôt contempler le signe inconnu de leur rédemption; s'élançant au milieu d'eux, le missionnaire profitait de leur surprise pour leur parler d'un Dieu, et pour leur annoncer les avantages de la société fondée sur le christianisme.

Souvent aussi ils animaient de leurs chants divins les plus muettes solitudes; et ces arbres qui n'avaient jamais entendu que l'inspiration de la brise, que le cri du cannibale, redirent les saints cantiques de David et les transports sublimes d'Isaïe. Assis dans une pirogue, accompagnés de quelques catéchumènes, les missionnaires remontaient le Paraguay; et, sirènes nouvelles, chantaient les louanges du Seigneur en accents mélodieux et magiques, auxquels ne pouvaient résister les sauvages, fort sensibles à la musique : du haut des montagnes et du fond des forêts, ils se précipitaient en foule pour jouir de ces célestes accords; et bientôt, hors d'eux-mêmes, pour prolonger leur bonheur, ils suivaient la nacelle enchantée, en dansant sur le gazon de la rive, souvent même en nageant dans l'onde tranquille du fleuve.

Des moyens si puissants, des efforts si multipliés augmentèrent bientôt les conquêtes. On forma des bourgades, que l'on appela réductions. Les missionnaires, plus humains encore que les européens n'étaient cruels, n'avaient voulu faire des chrétiens que pour en former des citoyens libres : un privilége royal, dû à mille luttes pénibles, acheté au prix de haines puissantes, assurait la liberté aux nouveaux convertis ; ils ne les rassemblèrent que pour leur procurer les douceurs d'une société gouvernée par des lois paternelles, et non par les caprices tyranniques de maîtres divers. Alors s'éleva dans la terre sauvage l'édifice de la meilleure législation humaine. Les détails nous méneraient trop loin, et nous feraient sortir de notre dessein ; nous la peindrons en deux mots : L'enfance fixait particulièrement les regards des missionnaires ; ils en faisaient une étude spéciale, et par la connaissance des divers caractères qu'ils approfondissaient, ils les plaçaient tous dans l'état où les appelait leur inclination, où leur aptitude, rencontrant moins d'obstacles, obtiendrait des progrès plus satisfaisants ; où leur naturel, éprouvant moins de contrainte, goûterait un bonheur plus pur et plus entier. La république qu'avait rêvée Platon existait au milieu de l'antique forêt : tout était commun, et chacun distinguait pourtant ce qui lui appartenait ; tout se commençait, tout se faisait, tout se terminait au son d'une cloche mystérieuse : on ne connaissait que la religion, que les lois, que la liberté, que le bonheur. Une si étonnante prospérité ne tarda pas à exciter la cupidité des brigands qui désolaient le Nouveau-Monde. Le Portugais, et surtout l'avide Espagnol fondaient, à des époques très rapprochées, sur la paisible bourgade, égorgeaient les hommes et les femmes, enlevaient les enfants et les richesses. Leurs incursions et leurs ravages recommençaient à chaque instant. On sollicita, on obtint, on employa la permission de s'armer; et bientôt le Jésuite, sans avoir jamais vu ni camp, ni armée, ni bataille, forma des soldats aguerris, d'intrépides guerriers, des héros invincibles. Le premier combat fut une victoire où brillèrent tour-à-tour le courage et la discipline, la valeur et l'humanité. Mais qu'étaient de si précieux avantages, en comparaison de ceux que la religion trouvait parmi tant d'hommes naguère si abrutis et si féroces, qui ne savaient plus ce que c'est qu'un péché mortel? Oh! plût à Dieu que des hommes qui surent opérer des prodiges si étonnants fussent les seuls maîtres de l'univers! Verrions-nous tant de désordres déchirer les familles, brouiller les amis, égorger les ennemis? Verrions-nous le fort opprimer le faible, le riche dévorer le pauvre, le fils outrager son père, l'impie blasphêmer le Ciel, l'athée braver l'enfer et invoquer le néant? Verrions-nous les sujets s'armer contre les princes, les nations s'élancer l'une sur l'autre, les peuples s'entr'égorger, cette terre de malheur convertie en vaste amphithéâtre, en immense boucherie?.... Philosophie cruelle! toi qui envias tant de bonheur, et qui parvins à le faire cesser, quand pourras-tu jamais faire rien de semblable, rien d'approchant! Ah! périssent tes desseins, périsse ton influence, périsse ton nom! Avec toi périront l'orgueil et l'ambition, l'envie et la haine, le trouble et l'anarchie, le malheur et le désespoir. Ta main perfide a renversé un édifice élevé avec tant de peines, ta faulx a détruit une moisson engraissée du sang des martyrs; le sauvage erre encore dans la profondeur de ses bois, moins malheureux pourtant que l'infortuné citoyen d'une république rebelle aux ordres de son souverain.

Mais ce n'était là qu'une portion du bien opéré par les Jésuites : la Guiane, depuis, le lieu d'exil le plus affreux sous la plus cruelle des proscriptions, était un séjour de délices pour les Lombard et les Rametti; ses marais, dont la fétidité devait donner la mort aux exilés de la Convention, ne purent jamais effrayer le courage des intrépides missionnaires. Bientôt un miracle de charité eut élevé un temple au Seigneur, et la terre que devaient souiller les pas de Collot d'Herbois, ne se lassait pas de contempler leurs travaux et leur perpétuel martyre.

Plus au nord, dans le Canada, les missionnaires jésuites fixaient dans notre amitié des peuples inconstants au politique, dont tout le but était de relever notre faiblesse et d'abaisser notre puissance. Plaçant leurs valeureux néophytes comme un boulevart à nos colonies, ils arrachaient à l'Angleterre l'honorable reproche d'être ses plus dangereux ennemis et nos plus fermes soutiens. Privations, fatigues, dangers, rien ne leur coûtait pour nous ménager des amis, pour empêcher des ligues puissantes contre nos armes, pour nous assurer partout d'heureux succès, des triomphes éclatants; mais de quels exemples de courage ne mêlaient-ils pas ces services politiques? et combien de fois ne moururent-ils pas martyrs de leur religion et de leur patrie?

Leur gloire littéraire était loin de le céder à leurs trophées apostoliques : tandis que leurs missionnaires civilisaient la contrée lointaine, leurs savants se faisaient admirer dans notre vieille Europe. Leur ordre ne venait que de naître, et déja Lainez et Salméron éclairaient le plus éclairé des conciles; ils y rendaient leur présence si précieuse pour les discussions, qu'aucune conférence n'avait lieu les jours que la fièvre retenait Lainez au lit. Bientôt après, le savant Bellarmin composait, contre les protestants, ces volumes immortels qui furent toujours l'arcenal où les théologiens catholiques se couvrirent de ces armes puissantes qui terrassèrent les hérésies de l'Allemagne. Des écrivains non moins illustres, à des époques plus ou moins rapprochées, brillaient d'un solide éclat; nous n'aurons point ici la prétention de les énumérer tous : leurs noms seuls rempliraient des pages innombrables. Nous nous contenterons de dire un mot de ceux qui illustrèrent une patrie assez ingrate, pour chasser leurs descendants, et qui viennent d'en être bannis une seconde fois, par un nouvel acte d'injustice.

Bourdaloue fondait notre éloquence chrétienne, instruisait avec autorité les peuples et les rois, et nous laissait dans ses sermons des modèles de raisonnement et de solidité. L'onction, le sentiment de Chéminais lui ouvraient les cœurs, et lui assuraient parmi les orateurs chrétiens, le même rang qu'à Racine parmi les tragiques. Larue, après avoir chanté Louis XIV, en vers latins que le grand Corneille ne dédaignait pas de traduire en vers français, nous consolait de la perte de Bourdaloue, et faisait retentir des accents qui nourrissaient quelquefois la flatteuse illusion d'entendre encore le père de la chaire française; puis pleurant la mort prématurée du duc et de la duchesse de Bourgogne, il s'élançait à côté de Fléchier et de Bossuet. Brumoy nous rendait familier le théâtre des Grecs, et nous appropriait les plus riches dépouilles d'Athènes. Rapin, désigné par son génie pour exécuter un plan tracé depuis dix-sept siècles, s'en acquittait, dans son poème des Jardins, avec une supériorité que n'eût pas désavouée l'auteur des Géorgiques. Vanière retraçait l'élégante simplicité de Virgile; son *Prædium rusticum* faisait les délices de l'Europe, et assurait à son auteur l'honneur d'être placé à côté du chantre d'Enée, par les Allemands et par les Anglais. Non content de parvenir ainsi lui-même à une si grande élévation, il en fournissait les moyens à la jeunesse, qui recevait de ses mains son Dictionnaire Poétique. Le spirituel Commère, rival d'Ovide, enlevait l'admiration par la métamorphose de Luscinius, et par les images infiniment riantes que savait y répandre son pinceau délicat. Daniel, rectifiant Mézeray, nous révélait notre véritable histoire, nous racontait avec méthode et clarté la conversion de Clovis, les exploits de Charlemagne, les croisades de Louis IX, les victoires et les bontés de Henri, laissant au père Griffet le soin de décrire les combats de Louis XIII et les miracles de Louis le Grand. Longueval signalait un talent unique pour l'Histoire ecclésiastique, en fondant avec un art inimitable la discussion la plus approfondie dans le récit le plus vif et le plus rapide. Sous sa plume, les sujets les plus arides s'animaient d'une précieuse chaleur; les débris des siècles se dégageaient de la rouille des temps, et s'embellissaient de mille charmes divers. Son Histoire de l'Eglise gallicane porte partout l'empreinte du génie, et partout elle est digne de l'accueil qu'elle reçut du clergé le plus éclairé et le plus savant. La brillante imagination de d'Orléans répandait à pleines mains le plaisir de l'intérêt et de la surprise, dans l'histoire d'une nation voisine et rivale; sa narration marchant avec la majestueuse rapidité d'un fleuve immense, déroulait à nos yeux les événements qui honorent ou flétrissent cette île fameuse. Son pinceau, également fier en traçant les projets d'Edouard, et terrible en racontant les persécutions de Henri VIII, se rembrunissait encore en peignant l'hypocrite tyrannie de Cromwel. Prenant ensuite son essor jusqu'à l'extrémité de l'Asie, il écrivait la vie de deux conquérants célèbres; sa plume se délassait, enfin, en laissant à tous les biographes des modèles accomplis dans la vie de Gonzague et de Kostka. Berruyer animait toutes ses Histoires d'une vivacité qui n'était égalée que par l'élégance de son style, que par la noble variété de ses images, que par la solide finesse de ses réflexions. Les travaux et les collections de Le Comte, de Duhalde, de Charlevoix, nous apprenaient les mœurs, les usages, la religion de la Chine et du Japon, du Paraguay et du Canada, et vengeaient la religion et la vérité, en justifiant les missions des inculpations de leurs coupables détracteurs. Dans les veilles de Cossart, de Harduin et de Labbe, on retrouvait l'Histoire des Conciles; on entendait les harangues du jeune Athanase à Nicée, et avec le premier des conciles œcuméniques, on prononçait la condamnation solennelle de l'infame Arius. Dans une carrière non moins utile, mais moins brillante, Jouvency et Porée se couvraient d'une gloire immortelle. Le premier, rappelant la belle prose de Cicéron, se mettait au rang de nos classiques, nous dévoilait les secrets d'Horace, de Perse et de Juvénal, et moins encore par ses discours que par ses ouvrages, nous laissait l'art d'apprendre et d'enseigner. Le second, digne de son prédécesseur qu'il surpassait en élévation et en fécondité, s'immortalisait par des discours latins, également admirés de ses compatriotes et des étrangers, et par des élèves dont les talents soutinrent long-temps notre gloire littéraire. Victorieuse de la plus fougueuse des passions, son amabilité triomphait de la haine forcenée de Voltaire, retenait sa main impitoyable, toujours prête à déchirer un tableau qui lui rappelait une société célèbre, et arrachait à l'auteur de la Henriade la dédicace de la Mérope française. Neuville, destiné à être le dernier orateur sacré de sa compagnie, rappelait tous ceux qui l'avaient précédé, sans ressembler à aucun; on admirait dans ses sermons l'intarissable fécondité de Massillon, unie à la force de Bourdaloue et à la profondeur de Bossuet. Guérin du Rocher, portant le flambeau de la vérité dans les épaisses ténèbres de la fable, dévoilait les larcins et l'imposture du prêtre égyptien; et rendant à nos livres saints les dépouilles que leur avait enlevées la main profane, il vengeait la religion des attaques insensées des impies de son siècle. Enfin, la plume éloquente de Berthier soutenait le bon goût; et l'égide dont il couvrait le christianisme, lui attirait la haine de la philosophie moderne, dont il fut le plus terrible adversaire. Nous ne finirions plus, si nous voulions dire en détail tous les prodiges opérés par cet ordre célèbre, tous les grands hommes qui se formèrent dans son sein, tous les bienfaits qu'il prodigua à la terre, tous les spectacles ravissants dont il étonna le ciel. Nous nous bornerons à jeter un coup d'œil général sur cet immense tableau; nous prions tout lecteur de bonne foi de nous suivre encore dans cette esquisse, et quelque imparfaite qu'elle soit, s'il la lit avec l'impartialité de l'homme qui cherche sincèrement la vérité, nous ne craindrons pas d'en appeler à sa justice, et de lui demander avec une entière confiance : Le genre humain eût-il jamais des bienfaiteurs si généreux? aurait-il pu leur témoigner une reconnaissance assez vive? et, surtout après tant de merveilles, peut-on expliquer comment on a pu user à leur égard d'une sévérité souvent inconnue aux crimes les plus monstrueux?

CHAPITRE VII.

Coup d'œil général sur les bienfaits des Jésuites.

Répandus sur tout le globe, les Jésuites ne marquaient leur passage que par des bienfaits, et toujours on peut dire d'eux ce qui a été dit de leur divin Maître : *Transiit benefaciendo*. Il n'y avait que deux cents ans que cet ordre existait, et déja l'on ne trouvait plus une seule contrée qui n'eût ressenti leurs étonnantes faveurs. L'Espagne leur devait ses conquêtes, la civilisation de ses colonies, la soumission de ses innombrables sujets; la France elle-même n'était si belle, si florissante, si redoutable à ses ennemis, que parce que les Jésuites l'avaient éclairée des plus pures lumières, que parce qu'ils avaient formé tous les grands hommes qui l'illustraient et qui la défendaient, que parce qu'ils avaient conservé les principes sur lesquels reposent la tranquillité publique, le bonheur de la nation et la gloire des trônes. Notre littérature leur devait les Rousseau et même les Voltaire; nos armées en avaient reçu les Condé, les Luxembourg, les Villars qui les conduisaient à la victoire. Bossuet, Fléchier et Fleury,

Lamoignon et Montesquieu s'honoraient d'avoir été leurs élèves. Quand les discordes de la ligue eurent détruit les principes monarchiques, ce furent les Jésuites qui, quoi qu'en disent quelques révolutionnaires, les ramenèrent parmi nous, et rendirent à nos rois cette puissance qui enfanta des prodiges. L'Europe entière leur était redevable de la renaissance des lettres qu'ils avaient propagées avec une prodigieuse célérité, du goût des arts, qui était le résultat des grandes idées dont ils pénétraient les esprits, et de la profonde admiration qu'ils inspiraient pour les chefs-d'œuvre de l'antiquité. C'était à eux qu'elle devait la répression des principes anarchiques soutenus par les novateurs qui pullulaient de toute part; les mœurs douces qui avaient succédé aux fureurs de la guerre et aux excès du fanatisme; cette sûreté de commerce qui avait remplacé les vols du vagabond, le brigandage des partis et les assassinats de la vengeance. L'Eglise leur rendait hommage des triomphes qu'elle avait remportés. Nés au moment que le protestantisme exerçait ses plus grands ravages, les Jésuites s'élancèrent au devant du monstre qui, malgré l'étonnement dont le fit frémir tant d'audace, continuait encore sa marche dévastatrice. Mais ils lui portèrent des coups si terribles, qu'il ne tarda pas à reculer; et loin de songer à de nouvelles invasions, il trembla pour ses anciennes conquêtes, et borna tous ses efforts à les défendre. Bientôt on aperçut une secte hypocrite au milieu des ténèbres dont elle tâchait de se couvrir. Elle comptait dans ses rangs des hommes de génie; personne n'osait l'attaquer. On avait tout à craindre de leurs talents funestes, de leurs intrigues, de leur crédit, de toutes les armes de l'hérésie. Mais la foi est menacée, des piéges sont tendus à tous les fidèles, l'erreur fait des progrès, les Jésuites n'hésitent plus; les voilà au milieu de l'arène. Le ridicule les couvre, la calomnie les noircit, la haine les frappe; qu'importe ? ils poursuivent, ils attaquent, ils saisissent, ils démasquent le monstre, qui recule, se cache et rougit de se montrer. Pour eux-mêmes, ils ne comptent pour rien les coups qu'ils ont reçus; ils s'honorent de leurs blessures, et montrent avec orgueil leurs nobles cicatrices. Plus tard, lorsque la philosophie jura d'anéantir la religion, nous verrons les Jésuites se mesurer avec toutes ses forces; et la philosophie elle-même nous apprendra quels services ils rendaient à l'Eglise.

Que dirons-nous encore des bienfaits qu'ils prodiguèrent à la société, à l'humanité tout entière? Les commotions politiques et religieuses, les guerres civiles et les guerres étrangères avaient brisé tous les liens sociaux, et renversé les principes éternels sur lesquels reposent la paix des états et le salut des nations. On vivait dans la défiance, on s'observait, c'était à qui surprendrait son ennemi, et on l'égorgeait sans respecter ni les ministres du Très-Haut, ni ses augustes représentants. La discorde agitait ses serpents et promenait ses torches enflammées. Les villes étaient détruites, les campagnes mises à feu et à sang, et le Seigneur insulté jusque dans ses sanctuaires. Les Jésuites parurent, et les peuples entendirent leur voix : le père apprit à aimer ses enfants, les enfants apprirent à respecter leurs pères; le prince chérit ses sujets, et les sujets obéirent à leur prince; la nation connut le droit des gens, elle vécut en bonne intelligence avec la nation. La religion fut le lien indissoluble qui unissait tous les hommes, et quand ils venaient à le rompre, il ne tardait pas à se renouer; les citoyens eurent une patrie; en l'aimant, ils furent sûrs d'en être aimés; en la défendant, en mourant pour elle, ils espérèrent en recevoir la récompense, du moins la reconnaissance, qui, pour un patriote, est le plus précieux de tous les trésors.

Peu satisfaits de préconiser de si utiles vérités, les Jésuites n'étaient égalés par personne dans l'application qu'ils en faisaient : comme Job ils étaient l'œil de l'aveugle, le pied du boiteux, le bâton du vieillard, le soutien de l'enfance; comme lui ils consolaient la veuve et protégeaient l'orphelin; comme lui ils arrachaient le faible à la violence du fort, l'indigent à la honte de son état, aux angoisses de la détresse, l'affligé à ses emportements contre ses ennemis, à ses murmures contre le Ciel, aux horreurs de son désespoir. Ils instruisaient et affermissaient le fidèle chancelant dans sa foi; ils éclairaient et gagnaient l'hérétique entiché de ses erreurs et fier de ses égarements; ils poursuivaient l'idolâtre jusque dans le fond des forêts, au milieu des bêtes féroces, pour civiliser ses mœurs sauvages, pour épurer ses grossières croyances, pour le faire citoyen et chrétien. Ils visitaient le malade sur son lit de douleur, le consolaient sous les lambris dorés, pansaient ses plaies dans l'hôpital ou dans la chaumière, et partout versaient dans son ame le baume d'une religion de résignation et d'espérance. Le coupable lui-même, que les hommes abandonnent, le coupable participait à leur charité; s'il allait commettre un crime, les Jésuites le lisaient sur son front; ils lui rappelaient les dangers auxquels il s'exposait, la sévérité des lois, la vengeance du Ciel, les remords de la conscience. Venait-il à tomber entre les mains de la justice humaine, ils le résignaient dans l'infection de son cachot, l'encourageaient sous les coups d'une mort infame, et leur éloquence persuasive ne manquait guère de le ramener à un juste repentir, à sa religion, à son Dieu. Oh! quelle plume suffirait à raconter tant de merveilles? Ceux qui en furent les auteurs étaient-ils des mortels ou des dieux? et le genre humain, dans les justes transports de sa reconnaissance, n'aurait-il pas dû leur élever des autels? En vérité, on a de la peine à le croire; l'imagination même la plus vive ne peut concevoir comment tant de merveilles ont été opérées par une seule société, dans l'espace de deux siècles. Il faut, pour y ajouter foi, que la plupart de ces merveilles subsistent encore, du moins en partie et dans leurs heureux effets; il faut surtout que la haine des méchants contre cet ordre soit encore aussi violente; il faut que l'on montre les maisons où ils formèrent tous les grands hommes du dix-septième siècle, et presque tous ceux du dix-huitième, les cabinets où ils composaient leurs immortels ouvrages, les chaires qui retentissaient de leurs mâles accents, les hôpitaux que visitaient leur charité, que soulageaient leurs abondantes largesses; il faut que l'Américain montre encore la forêt où erraient ses ancêtres, les précipices où ils égorgèrent leurs missionnaires, les antres où ceux-ci les surprenaient pour leur enseigner la religion et la société.

Assurément l'antiquité païenne serait tombée de respect à leurs pieds, leur eût élevé des autels, et offert l'encens de ses vœux. Le ressentiment d'Alexandre aurait épargné leurs descendants en un jour de vengeance; la Grèce les aurait couronnés avec Hérodote, et leurs sublimes discours auraient fait couler les larmes de Thucydide. L'appareil du triomphe, un cortége brillant les auraient ramenés dans leur patrie, et les remparts des villes se seraient ouverts pour leur ménager une entrée plus pompeuse au sein de leur famille. Le prêtre d'Apollon les aurait invités au banquet sacré, et par une éclatante distinction, l'oracle de Delphes leur aurait assuré une portion des prémices offertes au temple. Plusieurs villes se seraient disputé l'honneur de leur avoir donné le jour; un plus grand nombre leur auraient érigé des autels, et toutes auraient retenti de leurs leçons divines. Leur vieillesse aurait trouvé un asyle dans le Prytanée, et leurs noms, mêlés à ceux d'Harmodius et d'Aristogiton, auraient été célébrés par les poètes, chantés dans les fêtes des dieux, et réservés exclusivement à des hommes libres. Comme celles de Solon, leurs lois auraient été regardées comme des oracles par leur patrie reconnaissante, comme des modèles pour toutes les autres républiques; et les Romains, fatigués de leurs continuelles divisions, seraient allés, du fond de l'Italie, les appeler à leurs secours. Sparte leur aurait consacré un temple comme à Lycurgue ; et la Pythie, incertaine s'ils n'étaient pas plutôt des dieux que des mortels, aurait déclaré que c'étaient des dieux, parce qu'ils étaient les amis des hommes. Le sénat romain leur aurait conféré le titre de pères de la patrie, et en aurait fait l'apothéose. Dans Athènes, ils auraient partagé les honneurs divins avec la sage Minerve ; à Carthage, on leur aurait brûlé un encens pur sur l'autel des Philètes, et le Capitole les aurait adorés avec Jupiter-Stator; on les aurait invoqués contre les brigands qui désolaient la terre, dans les calamités qui ravageaient l'univers, contre les serpents des furies, et contre les fureurs de Mars; et leurs noms, soutenus par le souvenir de leurs leçons, et plus encore par celui de leurs exemples, auraient apaisé les discordes, reproduit la tranquillité et ramené le bonheur.

O vous qui placiez au rang des immortels vos bienfaiteurs, vos héros et vos sages, peuples anciens, qu'eussiez-vous pensé si vous aviez été témoins de tant de prodiges? quel n'eût pas été le vif enthousiasme de votre admiration ! à quels élans de reconnaissance ne vous seriez-vous pas abandonnés ! et de quels honneurs n'eussiez-vous pas accablé les hommes qui vous auraient prodigué tant de bienfaits ! Non, non, vous seriez-vous écriés hors de vous-mêmes, non, ce ne sont plus seulement Mercure et Jupiter qui voyagent sur la terre ; ce sont tous les dieux de l'Olympe descendus du céleste séjour, pour rendre heureux tous les mortels !........

Ainsi les auraient traités tous ces peuples généreux, reconnaissants et justes. Il n'en a pas été ainsi des peuples modernes, et surtout de la nation française, qui passe cependant pour la nation la plus généreuse de l'univers. De quel intérêt, de quelle instruction ne doit-il donc pas être pour tout homme qui pense, de sonder ce mystère, d'en rechercher la cause, d'en assigner la raison ! Lecteur, c'est pour votre satisfaction que nous avons composé le chapitre suivant. Puisse-t-il atteindre le but que nous nous sommes proposé, et vous fournir à cet égard des lumières précieuses !

CHAPITRE VIII.

Ennemis des Jésuites ; projets, intrigues, succès de ces ennemis.

Louis XIV n'était plus : la moitié de son siècle l'avait précédé dans la tombe ; l'autre moitié l'y accompagna, et le lendemain de sa mort, le grand siècle n'était plus qu'un souvenir. La majesté du vieux monarque fit place à la légéreté du régent, et à la dévote régularité de ses dernières années succédèrent l'impiété et la corruption. Philippe ternissait ses grandes qualités par la fureur des plaisirs; mais, nouvel Alcibiade, il y répandait ces graces perfides qui les rendent aimables. La débauche se para de mille charmes; elle devint à la mode, et bientôt chacun voulut s'y distinguer. La femme honnête y engloutit une vertu qui avait résisté aux illusions du règne passé; le vieillard courut y souiller ses cheveux blancs; l'homme mûr y oublia ses projets et son ambition, et la jeunesse y contracta l'habitude du vice et le besoin du crime. De la cour, le mal gagna les cités, et des cités s'élançant sur les campagnes, toute la France en fut inondée. Mais ce qu'il y eut de plus funeste encore, c'est que la corruption s'empara des gens de lettres. Ceux-ci, peu satisfaits d'être mauvais par faiblesse, voulurent l'être encore par système et par principes; et pour que rien ne pût désormais troubler leurs coupables jouissances, ils jurèrent d'entraîner tous les autres sur leurs pas, en détruisant la morale des peuples et la foi d'en-haut. Les victoires de Louis XV furent, pendant les premières années de sa majorité, de brillantes distractions; mais ses revers, sa vieillesse et ses excès favorisèrent la licence et l'impiété. Les ravages s'accrurent en peu de temps, et rien ne put les arrêter.

Déja une philosophie nouvelle avait apparu sur la terre : ce n'était plus cette philosophie cultivée par les hommes les plus sages, les plus savants et les plus vertueux de leur siècle; cette philosophie que recueillait à grands frais les anciennes traditions, pour recouvrer le trésor des vérités primitives; cette philosophie qui étudiait avec une constante assiduité la nature de nos maux, pour en trouver le remède et en arrêter le cours; cette philosophie qui ne contemplait les merveilles qui nous entourent, que pour y reconnaître la main d'un ouvrier souverainement intelligent, qui ne les révélait aux mortels que pour élever vers le ciel leurs regards, leurs pensées et leurs sentiments, que pour leur faire partager les transports d'une vive reconnaissance; cette philosophie qui, analysant l'être de l'homme, y appercevait une origine et une fin divines, un principe spirituel et libre, un germe précieux d'immortalité; cette philosophie dont la voix éloquente appelait les peuples errants sur les montagnes et dispersés dans les bois, aux bienfaits de la religion, aux garanties des lois, aux douceurs de la société, et qui leur apprennait à dépendre de chefs, pour que ceux-ci leur donnassent en échange de la dépendance, l'appui de leur nom, la protection de leurs armes et l'amour de leurs cœurs; ce n'était plus, enfin, cette philosophie, qui, croyant n'exister que pour le bonheur du genre humain, ne connaissait d'autre trophée que la découverte d'une vérité, que la pratique d'une vertu, qu'un malheureux soulagé, qu'un peuple rendu heureux, que la Divinité reconnue et adorée.

La philosophie nouvelle avait d'autres apôtres, d'autres desseins; elle eut d'autres résultats. Elle comptait dans ses rangs des hommes de génie, mais d'un génie égaré et pervers. Le reste n'était qu'un vil troupeau d'adeptes ou d'esclaves, dont tout le talent consistait à redire, en jargon inintelligible et barbare, les rêves insensés de leurs maîtres. Plongés pour la plupart dans l'abyme de la corruption, tous étaient travaillés d'un orgueil encore inconnu; et dans le délire de leur sotte vanité, ils s'imaginèrent être nés pour réformer le genre humain. Toute idée de dépendance leur était un poids insupportable, et leur ambition n'aspirait à rien de moins qu'à soumettre à leurs pieds toute la terre. Pour eux, l'antiquité n'eut rien de sacré, d'authentique, de respectable, ils rejetèrent son autorité, son expérience, ses précieuses leçons. Dans la religion, ils ne virent plus qu'un objet indifférent, qu'une vieille chimère, qu'un monstre à écraser; ils combattirent ses dogmes, minèrent ses fondements, et la vouèrent à la haine générale. Les rois n'étaient à leurs yeux que des usurpateurs, que des tyrans faméliques, que les fléaux de l'espèce humaine; ils ne regardèrent Dieu que comme un être insouciant, que comme la conception de la frayeur, que comme l'épouvantail des faibles, que comme le tourment de l'homme; l'homme lui-même ne leur parut plus qu'une production du hasard, qu'une machine méprisable, qu'une vile et sale matière, naissant et périssant tout entier avec le corps; et dans les beautés de la nature, ils ne lisaient que le nom du hasard, n'apercevaient que la main du hasard, n'admiraient que les caprices du hasard. Anéantir le dépôt des vérités pour lui substituer le chaos de leurs impostures désastreuses, renverser l'édifice de toute morale pour établir la tyrannie des passions; briser tous les liens sociaux pour nous plonger dans l'anarchie; ôter tout frein à l'autorité, toute garantie à la dépendance, toute consolation au malheureux, tout remords au criminel; armer le prince contre les sujets, et les sujets contre le prince, l'individu contre la société, et la société contre l'individu, la terre contre le ciel, et le ciel contre la terre; voir partout la douleur, l'infortune, le désespoir, en être seuls la cause, et en jouir avec une horrible volupté : tel fut l'objet des vœux de la philosophie, telle fut la fin de ses travaux, tel fut le résultat de ses entreprises. Philosophie monstrueuse que le ciel devait foudroyer, elle tentait de le dépouiller de son Dieu ; philosophie cruelle que la terre devait engloutir, parce qu'elle travaillait à la convertir en théâtre de toutes les calamités ; philosophie exécrable que l'humanité dut proscrire, parce qu'elle mettait sa gloire à nous précipiter dans une arène immense, pour nous y faire dévorer les uns par les autres ; philosophie, enfin, vomie par l'enfer, conduite par le démon, aimée et admirée de lui seul et de ses noires légions.

Deux grands obstacles s'opposaient aux sacriléges desseins des philosophes modernes : le catholicisme et la monarchie : le catholicisme, par ses divins enseignements, par ses institutions pures, par sa toute-puissante autorité ; la monarchie, par ses bienfaits, par son éclat, par ses princes, l'amour des peuples ; tous deux, par leur ancienneté, par leurs garanties, par leurs précieux souvenirs. Ils n'hésitèrent donc pas de leur déclarer une guerre sanglante, et il fut résolu de les ensevelir sous leurs ruines. Mettant aussitôt la main à l'œuvre, ils y travaillèrent avec une rage infernale ; leur voix se fait entendre, et tous les méchants accourent se ranger sous leurs drapeaux. Ils flattent, ils caressent, ils encensent les grands. Parmi ceux-ci, les uns s'endorment, les autres s'honorent de leur amitié ; tous favorisent plus ou moins leurs entreprises. Fiers de leur nombre, de leurs protecteurs, de leur audace, ils se forment en immenses bataillons, et se déploient en armée formidable. Intimement convaincus que briser les liens religieux, c'est briser les liens politiques, que renverser la religion, c'est renverser les trônes, qui reposent sur elle, ils marchent au combat, sous les ordres d'un coryphée fameux, en criant avec furie : *Écrasez, écrasez l'infame.* La religion fut donc choisie pour le principal objet de leurs attaques, et pour ne pas inquiéter les princes, qui auraient dû trembler pour eux, ils déclarèrent vouloir séparer les deux causes. La perfidie eut tout son effet, et les princes abusés abandonnèrent la religion à elle-même. On attaqua les preuves immuables, qui sont la base de son édifice sacré; on dénatura ses enseignements pour les livrer à la dérision des profanes; on travestit tous ses dogmes pour leur ravir l'admiration des hommes et la croyance des nations; ses ministres, accusés de mille excès, couverts de ridicule, et flétris de mille calomnies, perdirent leur considération, et furent joués par la vile populace. Les écrits impies s'imprimaient dans le royaume, ou s'y importaient avec une étonnante rapidité; circulant avec une liberté presque entière, ou avec une difficulté qui ne les rendait que plus dangereux, ils portaient partout le ravage et la désolation. On ne s'arrêta pas là : les philosophes oublièrent la promesse qu'ils avaient faite, et non contents de combattre indirectement la monarchie, ils commencèrent dès lors à la prendre au corps. De nombreux ennemis entourent cet arbre antique : les uns coupent ses branches, les autres minent ses racines, tous lui portent des coups mortels. L'autorité du roi n'est plus sacrée, sa personne n'est plus inviolable; et ses titres ne sont plus qu'arbitraires. On aurait dit que la foi allait se perdre avec les mœurs, et que leur chute commune entraînerait aussi celle de la monarchie.

Cependant la vérité, luttant encore avec succès, faisait acheter bien cher au mensonge le peu de terrain qu'elle était forcée de lui céder. La morale, appuyée sur la sanction de son suprême Auteur, soutenait ses droits sur le cœur de l'homme, et le descendant de saint Louis reposait en paix sur le trône de ses pères. Il est vrai que les ennemis du bien public faisaient quelques progrès; mais ses progrès étaient fort lents, et ne promettaient jamais une victoire certaine. Ils redoublèrent donc d'audace, d'attentats et de perfidie : ils allèrent jusqu'à vouloir renverser les idées les plus communes, et changer les termes les plus usités. A de nouvelles idées il fallait un autre langage; et pour séduire les peuples, ils affectèrent d'en choisir un qui, signifiant contre l'usage reçu, pouvait tromper les ignorants et les sots. Tout fut inutile : ce nouveau stratagême n'avançait pas mieux leurs affaires que la première marche. La religion, loin de s'affaiblir, voyait le courage de ses enfants s'affermir chaque jour; la monarchie rajeunissait sous les coups de ses ennemis, et son front était également fier et majestueux. Pendant qu'une partie de la société s'abandonnait au torrent, l'autre partie lui résistait, opposait des digues et empêchait les ravages. Ce prodige nouveau étonne la philosophie; la stupeur règne dans son armée; on se regarde, on frissonne, on pâlit, on cherche à fuir ou à déposer les armes. Ces dispositions font trembler les chefs; d'abord ils partagent l'étonnement, mais bientôt ramassant leurs forces, animés d'une nouvelle fureur, ils relèvent leurs yeux abattus, ils considèrent les rangs ennemis, ils recherchent quels peuvent être les auteurs de cette force sublime, de cette constance inaltérable, de cette résistance invincible. Hélas! il ne leur fut pas difficile de les reconnaître; ils n'ont fait qu'ouvrir les yeux, et déja ils les ont aperçus. Ce sont ces mêmes hommes que terrassèrent le génie de Luther et de Calvin; ces mêmes hommes qui démasquèrent l'hypocrisie du farouche janséniste; ce sont les ennemis mortels, les éternels fléaux des méchants, ce sont les Jésuites.

Pénétrés de l'esprit de leur saint fondateur, soutenus par le bras du Dieu-homme dont ils portent le nom, dont ils retracent les exemples, fidèles à tous les bons principes qu'ils avaient conservés dans leur pureté et leur vigueur, les Jésuites faisaient face à tous les ennemis, se signalaient à toutes les actions et paraient tous les coups. Notre foi auguste, enseignée par des maîtres d'une vertu encore supérieure à leurs incomparables talents, se recommandait toujours à l'amour des peuples, comprimait la licence, et retenait dans le devoir les provinces les plus agitées. La royauté, défendue par des soldats aussi aguerris et aussi généreux, se retraçait aux yeux du Français, comme la gloire de leurs annales, comme le bonheur de leurs aïeux, comme la seule garantie de leur époque, comme l'unique espoir de leurs descendants. Le bon goût sans cesse admiré dans leurs ouvrages immortels, reproduit sans cesse par leurs chefs-d'œuvre, et sans cesse rendu aimable dans leurs leçons et leurs enseignements, triomphait des attaques du verbiage, des assauts du néologisme, et de la fureur de la nouveauté; tous trois, unis par le courage et les efforts des Jésuites, se prêtaient un mutuel secours, marchaient, combattaient et vainquaient ensemble. Tels que d'inébranlables colonnes, les Jésuites résistaient à tous les coups, et soutenaient l'édifice chancelant. Semblables au roc immobile qui se joue de la rage des vents et de la fureur des tempêtes, ils se tenaient debout au milieu des débris qui les entouraient; on aurait cru que Dieu avait dit de ces novateurs, ce qu'il a dit des rivages de la mer : *Les flots* écumants viendront jusque là; mais ils y briseront leur orgueil et leur furie. L'impiété faisait entendre ses cris sinistres; ils retentissaient de toute part; on se serait cru transporté dans les sables brûlants de l'Afrique, au milieu des monstres qui la peuplent. Déja l'effroi commençait à gagner; mais soudain les Jésuites élevaient leurs voix puissantes; la terreur saisissait leurs ennemis, qui fuyaient dans leurs antres; le silence était ramené, on n'entendait plus que les mâles accents de la religion et de la fidélité; elles seules régnaient. Si la désertion ou la mort enlevaient à la bonne cause quelques vieux défenseurs, bientôt les rangs vides étaient occupés par une jeunesse qui sortait de leurs maisons, intrépide, aguerrie et dévouée. C'est ainsi que la victoire paraissait devoir se balancer long-temps, et se décider enfin contre l'impiété. Aussi les philosophes, las de tant de résistance, et craignant plus encore d'être écrasés tôt ou tard par de si terribles adversaires, résolurent avant tout de détruire cette phalange redoutable. Désespérant de la terrasser eux-mêmes, ils tentèrent, par des calomnies, de la rendre suspecte à ses alliés, de les soulever contre elle, et de la faire périr par des mains qui lui étaient trop chères, pour qu'elle songeât jamais à leur opposer la moindre défense. Déja l'ordre et le signal sont donnés, et le combat commence. On ressuscite les accusations les plus surannées et les plus complétement réfutées ; la faute d'un seul devient le crime de tout le corps ; l'erreur du moment est donnée comme un enseignement constant et de règle ; leurs vertus ne sont plus que des vices couverts du manteau de l'hypocrisie ; leurs mérites, qu'un simulacre de vanité, et leurs hauts faits, qu'un calcul d'ambition. Sous la plume des nouveaux sages, leurs accusateurs, l'objection combattue devient le principe établi ; et le principe le plus avéré se change en l'objection la plus futile : tous les grands crimes, tous les attentats sur les rois leur sont grossièrement imputés. On soulève les amours-propres, on allume l'envie, on irrite toutes les passions. On peint les Jésuites sous les couleurs les plus dégoûtantes et les plus noires : on les peint aux grands, comme des ambitieux qui ne cherchent qu'à les dominer, qu'à les asservir ; aux ministres, comme les espions de leur conduite, comme les censeurs de leurs actes, comme les arbitres de leur destinée ; au clergé, comme de faux frères qui s'efforcent de le supplanter et de le gouverner ; aux peuples, comme leurs tyrans, comme leurs corrupteurs, comme leurs fléaux ; aux rois, comme leurs ennemis implacables, comme leurs assassins; à la société entière, comme le seul obstacle à son bonheur, comme son opprobre et la cause de toutes ses infortunes.

Un langage si nouveau et si insensé n'excita d'abord que la haine et le mépris; et comment aurait-il pu en être autrement? Les grands pouvaient-ils ignorer que leurs titres n'étaient respectés par leurs semblables, que parce que les Jésuites, en les respectant eux-mêmes, avaient enseigné à leurs élèves à les respecter à leur tour? Les ministres ne savaient-ils pas que personne ne secondait plus puissamment leurs plans utiles, ne plaignaient plus sincèrement leurs fautes, et ne leur conciliait en tout un respect plus éprouvé, une plus vive affection, une soumission plus entière? Le clergé ne se plaisait-il pas à reconnaître qu'il n'avait point de coopérateurs plus ardents et plus désintéressés, et que prenant part à tous les travaux, à tous les dangers, ils n'en voulaient partager que la gloire, laissant toujours aux autres la récompense et les honneurs? Les peuples n'avaient-ils pas entendu raconter à leurs ancêtres toutes les merveilles opérées par cet ordre; ne les contemplaient-ils pas encore chaque jour, et chaque jour aussi n'en ressentaient-ils pas les fruits précieux? C'était des Jésuites qu'ils tenaient les lumières de la foi, la pureté des mœurs, le bonheur de la religion; toujours les Jésuites en avaient été les défenseurs, les apôtres et les pères. Les rois, à qui devaient-ils, si ce n'est aux mêmes hommes, ces magistrats qui conservaient les lois et rendaient la justice, ces capitaines qui défendaient et illustraient leurs trônes; ces savants qui célébraient leurs exploits et qui éclairaient leurs états; ces ministres qui soutenaient leur autorité, qui déployaient leur puissance, qui faisaient bénir leur nom? La société leur faisait hommage du développement des intelligences, du progrès des lumières, des conquêtes de la civilisation, de l'éclat solide de toutes ensemble. C'étaient les Jésuites qui en avaient conservé et ressuscité les principes conservateurs, qui en avaient créé et maintenu les plus belles institutions, qui partout s'efforçaient d'en augmenter les biens, d'en diminuer et d'en soulager les maux. A quels excès ne fallait-il donc pas pousser l'audace, pour essayer de les armer contre les Jésuites? et pour y réussir, quels moyens honteux ne fallut-il pas employer?

Des émissaires reçurent ordre de s'introduire partout, de pénétrer les secrets, d'étudier les caractères et de saisir tous les faibles. Ils devaient irriter les uns, effrayer les autres, endormir ceux-ci, armer ceux-là, et les tromper tous. Les adeptes s'élancèrent au milieu des cours, qui furent bientôt, sans s'en douter, le théâtre de leurs intrigues et le jouet de leurs desseins. A la faveur de ces cabales, leurs disciples se saisirent de tous les postes, peuplèrent le sanctuaire de la justice, s'emparèrent des rênes de l'état. Tant de bouches répétèrent les calomnies, et si souvent et si haut, qu'étourdi enfin par de si épouvantables vociférations, on a fini par y ajouter quelque créance. Insensiblement le souvenir des anciens services s'affaiblit; on perdit de vue les bienfaits présents, l'on ne voulut plus voir la main d'où ils partaient. L'ambition fournit des armes aux grands, le ressentiment poussa les hommes d'état, le peuple se fatigua d'entendre donner à tout propos le nom de juste aux nouveaux Aristide, et la défiance pénétra dans le Louvre. Déja les philosophes comptent dans leurs rangs des corps entiers, des ministres, et la favorite.

Vainement alors les évêques prirent la défense de ces hommes à qui ils devaient les lumières et la régularité de leur clergé, la foi et les mœurs de leurs diocèses, très souvent leurs propres connaissances et leurs propres vertus. De toute part on entendit surgir leurs réclamations; ils les adressèrent au trône, et peut-être y parvinrent-elles la première fois : on croit même qu'elles produisirent quelque sensation favorable; mais c'était déja trop tard pour conjurer l'orage. Les ennemis de la monarchie et ceux des Jésuites entouraient le monarque; les ministres abusaient de son nom, et Pompadour aigrissait son cœur qu'elle tyrannisait. Tous étaient maîtres de son ame affaiblie par la débauche, dont eux seuls oubliaient de lui faire un crime. Ils fermèrent toutes les issues, et il fut désormais impossible à la lumière de se faire jour, et à la vérité de se produire. C'en est fait, il faut que la vertu périsse, et que l'innocence soit immolée par ceux-là mêmes qui n'en reçurent jamais que des bienfaits. Les parlements, remplis d'adeptes ou de jansénistes, esclaves de la philosophie, s'agitent, cabalent et conspirent. De scandaleux débats ont lieu dans leur sein; des enquêtes sont ordonnées : on commande l'examen des constitutions des Jésuites; on veut à tout prix examiner encore ce que l'Eglise a approuvé, ce que les princes ont reconnu, ce que l'expérience des siècles a marqué d'un sceau sacré. Ce n'est plus que comptes-rendus; mais ce sont les comptes-rendus de la haine, de la calomnie et de la vengeance. Ces grands corps, autrefois l'honneur de la France, oubliant la grandeur de leur destination, et ternissant leur antique gloire, ne se souviennent plus qu'ils sont les défenseurs-nés de l'innocence, qui trouva toujours un asyle sous les ailes de leur protection; que la monarchie a été confiée à leur garde, comme à ses serviteurs les plus dévoués; qu'il leur appartient de défendre la religion dont ils soutenaient autrefois les décrets, dont ils réprimaient les ennemis; en un mot, que nouveaux aréopages, il était de leur devoir de rendre la justice sans écouter les passions, sans consulter les intérêts, sans connaître les parties. Ils voient les Jésuites traduits à leur tribunal par les philosophes; quoiqu'ils soient connus pour leur haine contre les accusés, ivres de joie, ils reçoivent l'accusation, se déclarent compétents, et sous les inspirations de leur aveugle fureur, ils jugent et décident cette grande affaire. La religion leur crie que sa cause est en danger, et que c'est à elle qu'on en veut dans la personne des Jésuites; qu'importe? il faut que leur inimitié s'assouvisse. La monarchie leur montre sa ruine prête à suivre celle des Jésuites; périssent la dynastie de nos rois et tous leurs sujets, plutôt que de manquer l'occasion de se venger! Tout le monde se récrie contre un rôle si incohérent avec leurs sentiments monarchiques. Pour eux, l'essentiel n'est pas d'être équitables, mais de bannir des hommes dont la vertu les tourmente et les effraie. Aucune considération ne les arrête, ni les convenances, ni même les premières formes. Ils trament, ils poursuivent, ils déroulent leur œuvre d'iniquité, et déja la proscription des Jésuites est prononcée par différentes couronnes, qui ne furent, ainsi que les parlements, que les hauts exécuteurs de la philosophie. Tout est enlevé aux Jésuites; on ne leur donne, pour dédommagement, que de misérables pensions qui doivent prolonger leur honte par la plus précaire existence.

Oh! qu'il est cruel et beau tout à la fois le spectacle que l'on vit alors! Vingt mille religieux tout-à-coup sans asyle, sans ressource, errants et proscrits, mais vingt mille religieux que soutiennent de puissants protecteurs, qu'adorent encore les peuples, et maîtres de plusieurs régions, se soumettant à l'injustice avec une noble résignation, n'opposant pas la moindre résistance, ne faisant entendre aucune plainte, aucun murmure! Sont-ce bien là les hommes que la philosophie traduisait devant les rois, comme des conspirateurs qui ne cherchaient qu'à s'assurer l'indépendance? Sont-ce ces rebelles que l'on avait prédits devoir se mettre en défense contre l'exécution de ces ordres tyranniques? Oh! qu'il est beau d'être vaincu quand on sait s'honorer ainsi dans sa défaite! Lecteur, rappelez les bienfaits des Jésuites, leur crédit, leurs droits, les accusations de leurs ennemis, et leurs sinistres prédictions; comparez à tout cela la conduite de ces hommes généreux, et prononcez!!!....

La philosophie ne s'arrêta pas là : elle poursuivit ses victimes jusque dans la tombe. Peu contente de les avoir bannis de notre sol, et de les avoir enlevés à notre monarchie et à notre Eglise, elle conspira de les ravir à toute la religion et à tout l'univers; et pour rendre leur sort plus cruel encore, elle résolut de leur faire porter les derniers coups par des mains qui leur étaient chères. Les rois sont désormais ses aveugles instruments; elle les a obligés à solliciter auprès du pape la suppression de cet ordre. Certes, le pape pouvait-il avoir oublié les services que ces religieux avaient prodigués à ses prédécesseurs, rendus à la religion et à toute la terre? Quoi! supprimer le plus saint et le plus fervent de tous les ordres, le plus utile et le plus nécessaire à l'Eglise, au moment que tous conspirent contre elle! Clément refuse. On insiste, on presse; nouveaux refus. On menace, on rompra, on persécutera; le pape balance encore; il pleure, il gémit, il est effrayé, et sa main tremblante frappe, dans les déchirements du remords, des hommes que son cœur aime, que l'Eglise honore et que le Seigneur bénit. Telle fut la récompense de tant de travaux, de tant de bienfaits, de tant de prodiges!!! Loin de nous toute réflexion sur un si pénible, sur un si accablant sujet, nos lecteurs sont sensibles, justes et reconnaissants..... Dieu, qui avait des vues de miséricorde sur ces hommes, ne permit pas qu'ils fussent écrasés par ce coup terrible : une grande reine les appela; ils portèrent dans ses états les arts, les sciences, les lumières. La philosophie poursuivit sans obstacle ses noirs desseins; aucune digue ne fut plus assez puissante pour résister à leurs conspirations. Les hordes s'avancent, se précipitent, et la France court à sa perte.

CHAPITRE IX.

La révolution française; les Jésuites sous l'empire.

Louis XV descendit dans la tombe; pouvait-on le regretter? Sa corruption avait perdu les mœurs, sa faiblesse avait ébranlé la monarchie, et dans le voluptueux et léthargique sommeil de sa vieillesse, la philosophie avait sapé la religion et détruit les croyances. Son petit-fils porta sur le trône chancelant toutes les vertus d'un citoyen; mais vainement on chercha dans Louis XVI les qualités d'un grand roi: le courage et la fermeté. On ne tarda pas à s'en apercevoir. Les colonies anglaises se soulèvent; trop faibles pour se soutenir, elles invoquent la France. Louis craint le malheur de la guerre, le ressentiment de l'ennemi, l'apprentissage de la nouveauté et de la rebellion; mais trop modeste pour prendre de lui-même le bon parti, il sacrifie ses lumières aux insinuations d'un conseil frivole et perfide. Déja l'Océan gémit sous le poids de nos flottes, notre pavillon couvre les mers, et nos marins se ceignent de lauriers. Vainqueurs ou vaincus, nous sommes également grands, également redoutables. Enfin, l'indépendance de nos alliés est reconnue ; mais que de malheurs nous nous sommes préparés ! Nos finances sont épuisées, notre jeunesse ne respire que les combats ; tous éprouvent, sous le gouvernement actuel, ce malaise qui amène les révolutions, et nos hommes de cabinet, frappés d'un vertige étonnant, donnent la main aux passions et vendent la monarchie. Quelques coups de vigueur auraient comprimé le génie du mal ; mais ils répugnaient à Louis, et ne convenaient pas aux ministres. Les états généraux s'assemblent pour sauver l'Etat ; ils le perdent. Ce n'est bientôt qu'une assemblée tumultueuse, où le tiers ordre l'emporte sur le clergé et sur la noblesse.

Après différents efforts, un torrent de malheurs se déborde sur la France, et la parcourant dans tous les sens, il porte partout le ravage et la désolation. Des monstres que l'histoire ne peut nommer sans frémir, accablèrent une nation généreuse de tous les fers de la servitude, l'abreuvèrent de toutes les amertumes de la tyrannie, et l'écrasèrent sous les coups de la plus sanglante des proscriptions. Le château gothique mêla ses ruines aux décombres du clocher de village ; le Louvre pleura de renfermer captif le souverain de la France. Frappés des mêmes coups, le trône et l'autel tombèrent ensemble, volant en éclats ; bientôt des cadavres encore palpitants formèrent l'un et l'autre : sur le premier régna la tyrannie ; sur le second fut adorée la prostitution. Jours de calamités où la nature humaine crut toucher à son terme ! Pour périr sous le glaive on n'avait qu'à être riche ; pour être épargné, il ne suffisait pas d'être pauvre, il fallait être méchant. Le seigneur précipité de sa tour expira à côté de l'indigent étendu sur son fumier; le roi bienfaisant ne put monter au ciel que du haut de l'échafaud; Dieu ne put impunément être nommé en France, et malheur à celui qui, aux éclats du tonnerre, eût été soupçonné de s'en souvenir!

Vainement l'Europe effrayée courut aux armes, s'élança à nos frontières, et pénétra sur notre territoire : nos légions, conduites par le génie de la guerre, repoussèrent les secours étrangers; leur valeur triompha du nombre, et l'enthousiasme républicain fixa la victoire sous nos drapeaux, qui flottèrent des bouches du Rhin à la riche Venise. Mais pendant que l'épée du guerrier étendait le domaine de la patrie, le glaive du bourreau égorgeait le citoyen, et la cruauté du tyran s'abreuvait du sang innocent. Déja les victimes manquent, les monstres se dévorent les uns les autres; indignes de périr de toute autre main, ils se percent eux-mêmes, ou sont impitoyablement déchirés par leurs complices. Le tour du tyran arriva; sa chute fut le signal, sinon de la liberté, du moins de l'espérance; dès lors il fut permis de pleurer ses malheurs, de redire le nom de ses pères, de regarder le ciel, de reconnaître un maître suprême. Il est vrai que les soleils qui se levèrent sur la France ne furent pas tous les mêmes, et que souvent à un jour serein succédaient deux jours de tempêtes. Mais enfin notre ciel pouvait briller encore des doux feux d'un astre bienfaisant, et l'orage, qui de temps en temps grondait sur nos têtes, pouvait être regardé comme les derniers mugissements de celui qui avait traversé la France.

Cependant nos soldats ne cessaient de se couvrir de gloire ; ils étaient à la fois la terreur et l'admiration de l'univers, et déja l'Europe n'était plus un théâtre assez vaste pour leurs conquêtes. De nombreuses voiles transportèrent de nouveaux Argonautes sur la terre natale des traditions. L'Égypte pleura de joie en revoyant le Français aborder sur ses plages lointaines; mais elle devint inconsolable en cherchant vainement les lis et le descendant de Louis IX. Des victoires d'une invention nouvelle plantèrent nos étendards sur la vieille pyramide, qui parut s'incliner au bruit de notre canon; et bientôt le berceau du monde, gémissant sous le poids de nos armes, admira notre audace chevaleresque, et plaignit nos brillants revers. Quoique victorieux, il fallut retourner sur nos pas, et déja la Méditerranée a apaisé ses tempêtes et fermé ses gouffres, pour ramener le héros des pyramides. Il paraît, et la France le salue. Dégoûtée de la multiplicité des maîtres, qui n'avait été que la multiplicité des tyrans, de leur changement continuel, qui n'était qu'un calcul d'ambition, qu'une source d'anarchie ; lasse des malheurs de l'un et de l'autre, elle soupirait après le repos et demandait un maître. Bonaparte se présenta ; c'était un génie supérieur, secondé d'un bras puissant ; son front était couvert de lauriers, et son nom gagnait les batailles. On oublia qu'il avait versé le sang français, et le Parisien refusa de le lire dans les caractères sanglants empreints sur les murs de sa demeure. Une répartie d'à-propos, décidant du sort de la France, donna un maître à une nation également indigne et incapable d'être libre ; l'arbitraire de la multitude expira sous les coups d'un seul, et fit place à sa volonté forte et impérieuse.

L'usurpation parut un bonheur; elle fut une garantie et laissa espérer la légitimité. Il n'en fut rien; mais la victoire donna bientôt sa sanction toute-puissante au nouveau gouvernement, et les champs de Marengo furent une réponse péremptoire aux réclamations et même aux scrupules. Politique aussi habile que vaillant guerrier, Bonaparte comprit que la religion seule pouvait maintenir la soumission dans son nouvel État. Aussi, un de ses premiers soins fut-il d'ouvrir des conférences avec la cour de Rome. On fit des concessions réciproques; le concordat fut signé, et la France, qui, la veille encore était impie et athée, se réveilla le lendemain religieuse et chrétienne. Le catholicisme reparut sur le sol français, conduisant à sa suite le cortége des vertus. Les lois prêtèrent secours à la religion, et la religion sanctionna l'autorité des lois. Ce fut un élan général et spontané vers le bien. Les philosophes, réprouvés par leurs œuvres, flétris par leurs triomphes, et écrasés par la main de Bonaparte, frémirent de rage; mais ils n'osèrent se montrer à personne : à leurs adeptes, ils les avaient trompés; aux princes, ils les avaient traînés sur l'échafaud; à l'homme religieux, ils avaient repoussé Dieu pour adorer le crime; aux peuples, ils les avaient armés les uns contre les autres; à l'humanité, ils l'avaient souillée, égorgée et presque anéantie. Les bonnes doctrines n'eurent donc pas de la peine à se ranimer; et, répandues par de généreux apôtres, elles se propagèrent avec une étonnante célérité. Les confesseurs que la liberté avait bannis de leurs foyers, rentrèrent en France au nom des lois. Les Jésuites eux-mêmes, vainqueurs des proscriptions, supérieurs à tous les coups, conservés pour la régénération de la société, dont eux seuls avaient retardé la ruine, usèrent de l'opportunité des circonstances. La philosophie expirante poussa un cri d'effroi; ce n'était plus qu'un bourdonnement produit par quelques adeptes mourants. Il fut pourtant entendu; et par un reste d'habitude à se soumettre aux moindres invitations de la philosophie, on accueillit sa demande. Mais qu'elle fut légère la satisfaction qu'ils obtinrent de l'immortel Portalis le père! qu'elle fut différente de celle que leur a donnée Portalis le fils!!! On commanda l'examen des constitutions de saint Ignace, comme si deux cents ans de vertus et de gloire n'avaient point été un examen continuel et plus que suffisant. Furent-elles examinées ou non? les Jésuites demeurèrent en France, et il leur fut permis de prodiguer leurs bienfaits, leurs travaux et leur vie à une nation ingrate, qui n'avait été si malheureuse que parce qu'elle les avait bannis sans forme de justice.

Déja Bonaparte avait pris, avec le nom de Napoléon, le titre d'empereur; maître absolu de la France, il lui donnait une illustration militaire, inconnue même à Louis le Grand. Nos ennemis étaient au même instant surpris, vaincus, punis et réduits à ne pouvoir plus nuire. Tandis que les glaces d'Austerlitz engloutissaient le Russe et l'Autrichien, le canon d'Iéna domptait le descendant de Frédéric. Heureux prince, s'il eût été moins prodigue du sang français ! plus heureux encore si son ambition eût connu des bornes ! Mais est-il une passion plus insatiable ? Napoléon ne peut plus souffrir de Pyrénées, il veut étendre sa domination jusques aux colonnes d'Hercule, et sa main perfide détrône un prince toujours dévoué à la France. L'Espagne généreuse pousse un cri d'horreur, se lève en masse, et marche par bandes de guérillas. De là ces attaques imprévues, ces assauts sans cesse renaissants, ces revers de détail plus funestes que les défaites les plus complètes. Nos colonnes se pressent, s'amoncellent et disparaissent. Déja un secret redoutable a été révélé à l'Europe : Napoléon n'est plus invincible.

Cependant, quoiqu'il ne puisse vaincre un ennemi, il en cherche un autre, et s'élance dans le Nord, traînant à sa suite l'élite des guerriers. Emporté par son ressentiment, il s'aveugle sur la saison; et ne suivant ni le conseil de ses amis expérimentés et fidèles, ni ses propres plans, il s'imagine que l'hiver n'aura point assez de rigueurs pour dompter sa valeur, et il en devient victime. Une habile politique sacrifie la seconde ville d'un empire pour le salut de toute la nation : Moscou a été incendié. Mais le Français, sans habitation et sans ressource, au milieu des frimats et des neiges, le Français est perdu. Il fallut retourner sur nos pas : ce ne fut plus une marche triomphale, mais une longue et cruelle agonie. Le froid abattait le guerrier qui avait vaincu l'Europe; le vétéran des pyramides expirait sous les coups de l'obscur cosaque; et le héros que l'univers ne considérait qu'en tremblant, périssait inconnu dans un désert ou dans une rivière. Les morts et les mourants encombraient le lit des fleuves, jonchaient les plaines de glace, et leurs cadavres palpitaient encore sous la dent de l'animal carnassier dont ils devenaient la proie.

A ce signal de revers, les princes se liguent, les peuples se lèvent en masse, d'innombrables armées nous poursuivent; nos victoires nous affaiblissent, nos défaites nous accablent, et malgré nos prodiges de courage et de valeur, déja nous sommes rejetés en deça du Rhin. Il ne s'agit plus de faire ou de conserver des conquêtes, c'est notre propre territoire qu'il faut défendre; quelques victoires partielles rappelant des temps plus heureux, aveuglent Napoléon, et lui font refuser tous les moyens de salut. Il s'obstine, il court, il se bat en forcené, tout est inutile : Paris est pris, Napoléon déchu, et l'empire a été.

CHAPITRE X.

Les Jésuites après la restauration.

La chute du colosse fut pour la France une aurore de bonheur : alors reparurent sur le sol français les princes que la révolution en avait bannis. De longs malheurs avaient creusé un intervalle immense entre le peuple et ses rois : un monument auguste comble le vide, rapproche les partis, et assure à tous des garanties égales. Louis s'avance, et la France pleure de regret et de joie, d'espérance et d'amour; elle accueille avec enthousiasme ses maîtres légitimes. Le trône des Bourbons sort, il s'élève glorieux du fond de ses ruines. A ce prodige nouveau, le ressentiment des princes ligués tombe, vingt ans de ravages ne coûtent aucune indemnité. Seul, et sans armée, Louis, par la seule considération de ses vertus et de ses malheurs, obtient ce qu'un vainqueur n'aurait osé demander sur le champ même de la victoire. Contents du bonheur d'un peuple qui avait causé toutes leurs calamités, les alliés donnent généreusement la paix; et rendu à la tranquillité, le peuple français est heureux. Les méchants, ennemis d'une félicité dont la vue fait leur tourment, jurèrent de la faire cesser. Une faction perfide appelle le tyran : la faiblesse le reçoit, la trahison l'entoure; et vainqueur sans combat des armées qu'on lui oppose, Bonaparte rentre à Paris, et Louis fuit à Gand. Au premier bruit, l'Europe s'ébranle, elle fond sur l'usurpateur, et les champs de Waterloo deviennent le tombeau de sa fortune et même de ses espérances. La défection de l'armée coûta cher à la patrie; il fallut acheter la paix, et des sommes immenses furent exigées. Nos beaux arts perdirent les richesses que leur avait procurées le brigandage de l'empire; la garnison étrangère occupa nos places du nord, et notre considération tomba avec notre fidélité.

Mais la France avait recouvré ses rois, et le rocher d'Afrique retenait captif l'usurpateur. Oubliant l'ingratitude de sa nation, Louis ne chercha plus qu'à réparer les anciens et les nouveaux désastres, qu'à prévenir les uns et les autres, qu'à nous rendre heureux. Comme la religion avait souffert plus encore que la monarchie, et que la religion seule pouvait soutenir l'édifice nouvellement élevé, on adopta quelques mesures pour lui rendre son ancien éclat. On encouragea les missions, et d'éloquents apôtres parcoururent la France pour déraciner les préjugés, pour dissiper les nuages politiques, pour désarmer les factions, les réconcilier sincèrement, pour ressusciter la foi et ramener les mœurs. Les Jésuites, qui fournissaient les plus distingués des missionnaires, ne purent demeurer étrangers au mouvement salutaire imprimé à la société. Appelés par les vœux de toutes les provinces, ils se hâtèrent d'accourir, et différentes maisons leur furent confiées par les évêques qui en avaient reçu le droit. Déja la religion et les sciences y brillent d'une égale splendeur ; déja se prépare une génération nouvelle, pour soutenir la patrie contre les attaques de ses ennemis perfides. Elle croît sous les ailes de la religion, et tous les regards se tournent vers ces nouveaux athlètes. Toutes les espérances reposent sur leurs têtes chéries ; le vieillard meurt content de les avoir vus, et se console de mourir en faisant des vœux sincères pour leur bonheur. La révolution, qui ne s'était pas encore relevée de sa défaite, poussa quelques cris ; mais reconnaissant elle-même qu'ils seraient impuissants, elle attendit une époque plus favorable, chercha à se remettre des coups qui avaient failli l'écraser pour toujours, et travailla à reprendre ses forces anciennes et son attitude formidable. La confiance des ministres lui en ménagea les moyens ; ayant beaucoup fait, ils s'imaginèrent n'avoir plus rien à faire, sans examiner ce qui restait à exécuter. L'imprudence, d'autres disent la trahison d'un jeune ministre, favorisa la renaissance du monstre. Déja ses satellites encombrent tous les passages, ses sicaires entourent nos princes, et le duc de Berri expire sous les coups d'un assassin. La France est en deuil ; l'espérance la soutient, la bonté divine la console.

Le sang d'un Bourbon, ce sang auguste répandu dans la capitale était une leçon terrible ; elle fut trop forte pour ne pas en profiter. Louis, désabusé, écoute le conseil de ses amis, ouvre les yeux et mesure la profondeur de l'abyme. Un nouveau ministère s'organise, se montre et gouverne : lumières, courage, dévoûment, rien ne lui manque; telle est du moins l'idée que l'on s'en forme. C'est un géant qui s'élance dans la carrière, armé de toutes pièces; c'est Hercule dont la massue va écraser tous les méchants; c'est le génie même du bien qui nous conduit et nous protége; on se berce des plus flatteuses espérances, on se promet les plus importantes tentatives, et dans toutes le succès le plus décisif. La religion et la société respirent, se regardent, se félicitent et s'embrassent: pour elles s'est levée une ère nouvelle. L'impiété tremble, pleure et rugit; elle croit toucher à son terme: son sort est entre les mains des nouveaux ministres. S'ils répondent à l'attente générale, s'ils secondent les vœux communs, s'ils déploient toutes leurs forces, c'en est fait de la révolution, elle périt pour toujours. Le monstre comprit parfaitement le danger qui le menaçait. Deux moyens lui restaient encore : il fallait effrayer ou séduire le ministère. On tenta le premier; il fut impuissant. Chaque cri de rage attirait un coup de mort, et il n'y eut que le silence de la résignation qui pût dérober ses adeptes à une destruction totale.

Ainsi, craignant de la France plus qu'ils n'en attendaient, ils tournèrent ailleurs leurs espérances sacriléges; ils travaillèrent à se ménager des alliés chez l'étranger, et tentèrent d'y allumer des torches qui ne pouvaient plus embraser leur patrie. Le char de la révolution fut promené, et dans sa course terrible, il a renversé Ferdinand dans les fers, tandis qu'il a forcé un des Amédées à céder à son frère un trône ébranlé. Mais un roi voisin, un roi allié, un roi parent de nos rois, peut-il être malheureux sans que le Français partage son infortune, vole à son secours, le sauve ou périsse avec lui? Aussi, ni les sinistres prédictions d'un diplomate célèbre, ni les dépositions récentes d'une expérience funeste, ni les sourdes menées de la faction devenue redoutable, ni la brutale impudence de ses fougueux orateurs, rien ne peut arrêter ni même retarder la croisade des rois. Nos ministres l'ont demandée, l'Europe a applaudi; Louis a commandé, et nos légions volent à la gloire.

Elles ont déployé l'étendard des lis, et devant ces drapeaux de l'honneur et de la légitimité vont tomber prosternés les peuples qui, en frémissant de rage, brisèrent l'aigle impériale. Vainement des émissaires tentent la fidélité du Français; ni les illusions du passé, ni les caresses du présent, ni les promesses de l'avenir, rien ne peut le détacher de son devoir, de son allié, de son roi. Nos troupes s'avancent, et les peuples accourent en foule : on salue leur approche comme l'aurore d'un beau jour. Les portes d'airain s'ouvrent ou se brisent; les murs tombent, et les phalanges déposent les armes. Ce n'est plus une guerre, c'est une marche triomphale. Notre discipline rassure nos alliés, notre valeur soumet nos ennemis, et notre clémence étonne les premiers et désarme les seconds. Déja une brillante invasion est effectuée; toutes les places sont prises, tous les rebelles sont vaincus, exilés, ou fidèles. Ferdinand est libre, et son peuple peut être heureux. Il ne l'est pas, grace aux révolutionnaires, qui sont parvenus à renouer leurs trames dans cette contrée soumise par nos armes. Nos légions reviennent entourées de gloire, chargées de lauriers et riches de butin; mais leur triomphe ne coûta aucun sang, aucune larme n'arrosa leurs palmes, leurs dépouilles n'ont fait aucun malheureux. Elles ne rapportent que l'admiration et l'amour, que les louanges et les bénédictions d'un peuple qu'elles n'ont vaincu que pour lui rendre ses lois, ses princes et sa liberté. Ils rentrent dans leur patrie, ces braves, ces preux de France; partout on se presse sur leur passage; chacun veut les voir, chaque famille s'enorgueillit de montrer dans leurs rangs quelqu'un de ses membres. Ils vont déposer leurs armes aux pieds de leur monarque chéri, et comme des phalanges immortelles, se rangent autour de son trône qu'ils jurent de défendre à jamais.

Le monstre révolutionnaire parut vaincu pour toujours : on ne pouvait s'imaginer qu'il survécût à une défaite aussi humiliante; on avait même cru entendre les derniers mugissements de son agonie; on le perdit de vue et l'on ne s'occupa plus de lui. Il sut tirer parti de cette négligence : pour mieux endormir encore ses ennemis, il célébra comme eux sa propre défaite; comme eux il vanta la gloire de nos armes et l'éclat immortel du nom français; il alla quelquefois jusqu'à feindre de rendre grace au ministère de nous avoir ménagé une occasion favorable pour nous remettre dans la considération de l'Europe. Les ministres, fiers de leur armée fidèle et de ses victoires, fiers du silence et des éloges de l'ennemi, s'endormirent profondément. La faction réorganisa ses forces, traça de nouveaux plans, prépara des campagnes nouvelles. Elle se ménagea des transfuges qui lui révélèrent les secrets de l'ennemi, et qui, par leurs noms naguère chers à la patrie, couvrirent les attentats qui se méditaient. Les nouveaux traîtres, se pressant sur leurs pas, grossirent les rangs de la révolution. Orgueilleuse de ses conquêtes, et forte de ses trames depuis long-temps ourdies, elle poussa un cri, donna à tous ses esclaves le signal du combat.

Une lutte nouvelle s'engagea : elle fut longue, vive et tragique. Renverser le trône et l'autel, détruire les mœurs et les croyances ; substituer aux premiers l'anarchie et l'athéisme, aux secondes le scepticisme et la dépravation : tel fut le but avéré de la faction. Les Jésuites combattaient aux premiers rangs ; leur valeur couvrait leurs frères d'armes et repoussait l'ennemi ; leur dévoûment servait de modèle à tous les royalistes, et tout en payant de leurs personnes dans les actions les plus opiniâtres, ils formaient encore de nouveaux athlètes, loin du tumulte des armes et de la terreur des combats. Leurs maisons, vierges de toutes les erreurs et de tous les travers de l'époque, préparaient une jeunesse choisie, dont les principes étaient à l'épreuve des fausses théories, dont le courage affronterait les dangers et la mort, dont l'infatigable constance triompherait tôt ou tard de l'acharnement révolutionnaire. Le parti s'en aperçut ; et, comme les philosophes du siècle passé, désespérant de vaincre tant qu'il aurait en tête des hommes si puissants et si aguerris, comme eux aussi il eut bientôt jeté son plan : il fut arrêté de les perdre avant tout. Pour y travailler avec plus de succès, ils ajournèrent leurs autres devoirs, et les Jésuites devinrent l'unique objet de leurs attaques. Comme en France il n'est pas d'armes plus terrible que le ridicule et la calomnie, on ne rougit point de les employer contre les hommes dont on voulut mettre la tête à prix. Les succès des philosophes indiquaient la même marche à leurs successeurs. On contesta aux Jésuites leurs titres d'existence légale; on flétrit par mille imputations grossières un ordre institué par un saint, illustré par des saints, admiré et chéri de toute l'Eglise. On inventa mensonges sur mensonges; on créa mille monstres tous plus dégoûtants les uns que les autres. On ridiculisa le nom que porte le Sauveur, et ce nom auguste devint le synonyme de tout ce qu'on peut trouver de plus infame. Les journaux se donnèrent le mot : ce fut à qui calomnierait d'une manière plus atroce l'innocence et la vertu. Les Jésuites furent accusés, noircis, voués à la haine générale, et signalés à la vindicte publique : leur expulsion fut exigée, et l'ordre en fut donné aux ministres. Ceux-ci, trop religieux pour repousser les défenseurs du catholicisme, trop dévoués au Roi pour éloigner les plus vaillants soldats de la monarchie, et trop citoyens pour bannir les vrais précepteurs de la saine doctrine, et les modèles accomplis des bonnes mœurs, refusèrent d'obéir à la tyrannique injonction. Mais, au lieu de frapper le monstre qui faisait des demandes si injustes et si insolentes, n'opposant que la force d'inertie, ils s'abandonnèrent à une incroyable impassibilité que rien ne put désormais ébranler. Encore le monstre en devint-il furieux; le serpent oublia le sein qui l'avait réchauffé, et jura de dévorer les ministres qui seuls avaient bien voulu lui sauver la vie.

Dès ce moment la presse multiplia ses attentats et ses forfaits ; les sociétés secrètes redoublèrent d'activité, d'audace et de scélératesse. Le torrent se déborda, et rien ne put l'arrêter. Les ministres sont accusés de trahison ; on les perd auprès des peuples ; leur nom excite l'horreur. Il fallait bien du temps pour réveiller ce ministère trop confiant ! Endormi profondément sous les lauriers de son ancienne victoire, et ne pouvant s'imaginer qu'après un calme si précieux, l'orage pût gronder encore et fondre sur nos têtes, il ouvrait à peine un œil accablé par un léthargique sommeil, et refermant bientôt la paupière, il ne se réveillait un instant que pour nous dire : Dormez maintenant, dormez sur notre parole. Vainement les plumes les plus éloquentes signalèrent un danger que toute la France touchait au doigt ; vainement on montra la presse devenue impie, corruptrice et tyrannique, la dépravation marchant tête levée, et traînant les peuples à sa suite, la sédition soufflant dans tous les esprits, et armant tous ses soldats ; les ministres fermèrent les yeux pour ne pas voir, et les oreilles pour ne pas entendre. Forts de leur propre fonds, la bonhomie les rendit faibles : ils s'imaginèrent désarmer les ennemis en leur faisant bonne grace ; ils crurent qu'un gâteau apaiserait le monstre, et imposerait silence aux aboiements de ses trois gueules infernales. Illusion funeste ! Les feuilles incendiaires ont porté le mécontentement dans toute la France ; toutes les provinces retentissent d'imprécations contre les ministres, qu'on leur signale comme leurs plus mortels ennemis. Leurs amis mêmes tremblent et perdent contenance; les chambres se laissent ébranler; les partis s'observent, se mesurent, se balancent, et les majorités disparaissent : nous voilà sur le bord de l'abyme, il menace de nous engloutir.

Le ministère, éveillé enfin, frappe un coup de vigueur. Tandis que la chambre héréditaire voit grossir ses rangs des amis de la monarchie, la chambre élective est dissoute, et la licence est muette. Que ne devait-on pas espérer? Mais la tardive énergie des ministres se trouva en défaut devant l'audace aguerrie de leurs ennemis. Les prochaines élections sont préparées par des brochures séditieuses qui circulent jusque dans le dernier des hameaux; elles se tiennent, et, dans cette arène nouvelle, on en vient aux mains, on se livre de sanglants combats. La faction a vaincu, c'en est fait des ministres, il faut qu'ils tombent, et déja ils ne sont plus.......

Qu'il est étonnant le changement qui vient de s'opérer! Quels hommes voyons-nous à la tête de l'Etat? des talents médiocres, d'équivoques réputations, des noms plus que suspects, des antécédents alarmants. Connus de peu de gens, les nouveaux ministres n'étaient attendus, encore moins désirés, de personne. A leur aspect la faction applaudit, et la patrie demeura interdite. Les particuliers n'offraient aucune garantie; on osa en espérer de la masse. Pendant quelques jours, à force d'efforts, on se flatta encore de quelque espoir : tout était vu de bon œil, reçu avec calme, accueilli quelquefois avec une vive reconnaissance. On fut bientôt détrompé, et à l'espérance succéda un cruel désespoir, quand on vit les nouveaux ministres répudier l'ancien ministère, non pas dans ce qu'il avait eu de faiblesse et de lâcheté, mais dans ce qu'il avait montré de sagesse et opposé de courage. Dès lors on s'attendit à rétrograder vers l'abyme, et à être bientôt en proie à la tourmente révolutionnaire.

Également incapables de conduire les esprits et de gouverner l'Etat, nos ministres jouèrent un rôle dégradant pour eux et funeste à la patrie. Transformés en vils espions, ils entraient dans les chambres, non pour y porter la lumière du trône, mais pour s'y abandonner à la fougue démocratique. Pour ne déplaire à aucun parti, ils les abandonnaient tous à eux-mêmes, au lieu de prêter secours à celui du royalisme contre lequel ils paraissaient toujours prononcés. On ne s'apercevait de leur présence qu'aux grands yeux qu'ils ouvraient, qu'à leurs bâillements d'attente, qu'à leur attitude de sentinelles, qu'à leurs excuses embarrassées au parti libéral. Ils ne cherchaient pas la vérité; ils ne cherchaient pas le bien. Indifférents à tous deux, ils n'en voulaient qu'au nombre, ils n'en voulaient qu'à la majorité, également incapables de rien faire sans elle, et de la ménager royaliste et patriotique. Mais avec elle ils sont tout-puissants, et si c'est la majorité révolutionnaire, il est convenu qu'elle ne demandera rien sans l'obtenir, ignorant que les méchants l'emporteront toujours en nombre, tant que la victoire est promise au nombre, parce que dans les hésitations politiques, les indifférents, qui sont partout la masse, se jettent dans le parti où règne la violence, lors même que le pouvoir garde la neutralité. Telle est du moins l'expérience que nous avons faite.

Ainsi abandonnés par ceux-là mêmes qui devaient les mener au combat, trahis par ceux qui devaient se placer au premier rang et donner l'exemple du courage et du dévoûment, que firent les soldats du royalisme ? La douleur déchira leurs cœurs, la honte se peignit sur leurs fronts; ils gardèrent un profond silence qu'ils n'interrompirent plus que dans quelques transports trop violents d'une juste indignation, et ils dévorèrent dans le secret l'amertume qui abreuvait leurs ames. Des bouches éloquentes se turent; la tribune ne retentit plus de leurs mâles accents, et toute la France perdit ces lumières précieuses qui l'éclairaient sur ses vrais intérêts. Ce fut l'époque et le règne des médiocrités; pour elles seules le champ fut libre : semblables à des écoliers qui, dans l'absence du maître, se livrent à la puérilité de leurs amusements, on vit maints et maints représentants jouer mille et un petits tours, et traiter les plus graves questions, tantôt avec le froid de la mort, tantôt avec l'impétuosité de la sottise, quelquefois avec l'impertinence de la déraison, et toujours avec la suffisance de l'orgueil en délire. Les cris assourdissants de Thil pouvaient seuls chasser le sommeil causé par les chiffres de Charles Dupin. Les discours de Lafitte, ces discours disparates de double main, n'étaient effacés que par le sublime monogramme du grand jurisconsulte, et les sorties virulentes (ou goutteuses) de Benjamin Constant ne le cédaient qu'aux horreurs décrépites de Labbey de Pompières. Bref, des injures au clergé, des malédictions contre l'ancien ministère et ses agents, des imprécations contre les Jésuites et contre *les Suisses*, l'oubli, on dit même le mépris du roi, un déni de justice terminant dignement de si grandes choses, des bravos à tout cela (et le tout en termes de halle ou d'échafaud) : telle serait la recette pour avoir une session semblable à celle de l'an 1828. Et, chose admirable sans doute ! les ministres applaudissaient, et souvent leurs applaudissements étaient les plus marqués et les plus expressifs. Quelquefois cependant ils essayaient de reculer devant la profondeur de l'abyme ; mais une menace un peu plus forte, un cri un peu plus haut, un regard un peu plus animé, portaient l'effroi dans leurs ames ; et demandant pardon d'avoir désobéi, ils accordaient bien vite ce qu'on demandait ; eh ! que ne demanda-t-on pas ! Il n'est pas de notre dessein de tout dire, surtout quand la France en pleure encore.

Les Jésuites ne furent pas oubliés ; et pouvaient-ils l'être ? Continuant à former de généreux athlètes destinés à remplacer les De Sèze et les Rivière, qui descendaient dans la tombe, ils faisaient toujours espérer un meilleur avenir, et toujours ils empêchaient la révolution de marcher selon ses désirs, et de se promettre un triomphe prochain. La question fut donc agitée avec une force nouvelle ; leurs amis veulent procurer enfin à leur importance et à leurs services une reconnaissance légale si injustement contestée ; et leurs ennemis s'efforcent avec plus de furie de leur arracher la prétendue simple tolérance dont ils avaient si précairement joui. Les premiers faisaient valoir les bienfaits de la Charte, l'intérêt de la religion et de la patrie, le besoin de toutes deux; les seconds, poursuivant avec plus de noirceur encore le système de calomnies toujours employé contre les Jésuites, exigeaient leur expulsion, au nom de l'impiété, de la révolution et de l'anarchie; et plus impérieusement que jamais, ils intimèrent ces volontés factieuses aux ministres, leurs alliés trop fidèles, et leurs trop vils esclaves. Peut-être ceux-ci n'auraient-ils pas différé d'un seul instant le bannissement des Jésuites, s'ils n'avaient consulté que les coupables sentiments de leur cœur; mais alors la France était encore quelque chose pour eux; ils craignirent de soulever les indignations les plus nobles, de se faire ouvertement désavouer par la partie la plus saine de la nation, et surtout d'être dépouillés d'un pouvoir dont ils se proposaient peut-être de faire un long abus.

Comme le ministère seul n'aurait pu supporter l'odieux des écarts monstrueux dans lesquels il allait se précipiter de gré ou de force, il fallut que quelqu'un le partageât avec lui, pour en diminuer le poids. L'histoire apprendra peut-être à nos descendants, qu'après que tous nos ministres eurent, pendant quelque temps, rêvé jour et nuit sur les moyens les plus efficaces de jeter sur autrui une partie du blâme de leurs actes présents et futurs, l'un d'eux, par une conception sublime, s'avisa de prononcer le nom de commission. « Des commissions, s'écria-t-il; nous en nommerions les membres, ils seraient à notre disposition, nous leur donnerions nos instructions et nos ordres; elles prépareraient un travail tel que nous le voudrions. En paraissant dans le public, ce travail épuiserait les indignations ; et au moment que personne ne pourrait presque plus pousser un seul cri d'horreur , nous publierions nos ordonnances depuis long-temps rédigées. » Ainsi parla le grand génie du ministère ; et tous les autres d'applaudir , d'admirer et de répéter : Des commissions ! vite des commissions ! Ce fut l'époque des commissions : la manie des commissions s'empara de chaque ministre ; ce fut entre eux à qui en nommerait un plus grand nombre. Ce ne fut plus que commissions ; on aurait cru que la France entière allait se changer en commission, comme autrefois en *comité*, de cette sûreté publique qui égorgeait les citoyens, en forme de protection. On n'en oublia qu'une, celle qui devait retenir dans quelques bornes la licence toujours croissante. Mais M. de Villèle en avait nommé une semblable, et il était convenu qu'on ne ferait rien de ce qu'avait fait M. de Villèle, qu'on ne défendrait pas même le trône , si M. de Villèle l'avait défendu.

Parmi tant de commissions , il devait naturellement s'en trouver une qui s'occupât de l'affaire des Jésuites ; aussi , fut-elle des premières qui sortirent armées de pied en cap du cerveau ministériel. Mais son organisation même déposa contre les intentions de ceux qui l'avaient établie : on compte parmi les juges des Jésuites des hommes qui déja plusieurs fois s'étaient portés publiquement pour leurs ennemis, et qui par là même se trouvaient juges et parties. C'était le libéralisme qui avait désigné les membres ; il les approuva , et promit de s'en rapporter à leur décision. L'autre partie de la nation s'indigna ; de toute part surgirent les réclamations : on cria à l'iniquité. Cris impuissants : la commission eut lieu, elle fit les plus sévères enquêtes, et adressa à nos prélats des questions minutieuses qui auraient été tyranniques, si elles n'avaient été puériles. Tous les renseignements possibles furent recueillis, tout fut examiné, discuté, pesé ; et, en dépit du ministère, par un miracle étonnant, la bonne cause triompha. Quel fut alors le désappointement de nos ministres ? quels furent les cris de rage de nos libéraux ? Avec quel front ils répudièrent une commission, le sujet de leurs éloges, l'objet de leurs vœux, leur œuvre propre ? Que devait donc faire la commission ? ne fallait-il pas qu'elle décidât d'après sa conscience ? On l'avait nommée pour examiner le véritable état des choses ; elle s'est acquittée de cette tâche avec la plus scrupuleuse exactitude et la plus sévère impartialité. Tout a fait un devoir à la majorité de se prononcer en faveur des Jésuites ; est-ce sa faute, si elle ne contente pas leurs ennemis, parce que les choses ne sont point dans l'état qu'ils auraient voulu ? Avouons-le donc ingénument, l'iniquité s'est mentie à elle-même, et nous a découvert toute l'étendue de sa mauvaise foi.

Cette honteuse défaite, loin de déconcerter les ennemis implacables des Jésuites, ne fit que leur donner de nouvelles forces, en redoublant leur dépit; aussi revinrent-ils à la charge avec plus de fureur que jamais. Pendant que les journaux s'abandonnent aux plus violents transports d'une rage satanique, des pétitions, honteuses des noms qui les terminent, se multiplient, et l'affaire est portée dans les chambres législatives. Que devait faire alors un ministère bien intentionné ? ouvrir une discussion sage et approfondie, prendre des renseignements, et les fournir aux représentants de la nation, imposer silence aux passions, éloigner les calomnies, comprimer les factions, seconder les dépositions de la vérité, les cris paisibles de la raison et les demandes de la justice, mettre les choses dans tout leur jour, et agir ensuite indépendamment de tous les partis injustes : telle était la ligne que devaient suivre nos ministres, tel était le devoir qu'ils avaient à remplir. Certes, la bonne cause ne craignit jamais la publicité, et une discussion équitable ne nuisit jamais à la vérité, qu'elle entoure toujours de ses précieuses lumières. Dans les chambres, comme partout où parle la raison seule, on aurait reconnu les titres des Jésuites, on aurait démontré qu'ils ont part aux bienfaits de la Charte, et comme citoyens, et comme prêtres, et comme professeurs dans les petits séminaires. D'ailleurs, que pouvait-il arriver de plus fâcheux que ce qui est arrivé ? qu'aurait pu faire de plus la chambre la plus antinationale ? Si les Jésuites avaient été convaincus d'être en défaut, on aurait détaché de leur cause tous les gens attachés aux institutions patriotiques ; le coup qui les aurait frappés n'aurait plus été un coup d'iniquité, mais un coup de justice ; en n'étant plus que le triomphe de la raison et de la légalité, il n'aurait point rendu si insolente la faction qui a cru avoir arraché une concession immense, et il n'aurait pas abattu le royalisme, qui n'y a vu qu'un acte de faiblesse et de perfidie ouverte ; et même, quand la vertu aurait succombé dans cette lutte, les ministres, aidés du suffrage de la nation, n'auraient-ils pas pu la sauver contre quelques voix des chambres, eux qui ont pu les perdre contre le gré des chambres et contre les vœux de toute la France ? Lorsque Dioclétien se proposait un acte de tyrannie, il ne manquait pas de consulter ses collègues, qui le prenaient bientôt si fort à cœur, que, paraissant en être les auteurs, ils en portaient tout l'odieux. Mais peut-être ne les aurait-il pas consultés, s'il avait craint qu'ils opposassent une juste résistance, et l'histoire ne dit pas qu'il consultât Constance Chlore, comme il consultait Galère et Maximien.

Quoi qu'il en soit, défense fut faite aux chambres de discuter, aux yeux de la France, une question qui intéressait tous les Français. Les ministres évoquèrent l'affaire à leur cabinet, et une grande œuvre commence à se préparer dans une sinistre obscurité. Pour donner l'air de la réflexion et l'apparence de la maturité à une affaire depuis long-temps décidée, ils demandèrent du temps, promettant de donner entière satisfaction. Dès lors toute la France fut dans l'attente; on comptait les heures, on appelait les jours, on interrogeait les regards; le bruit et le silence. Quelques mots transpirent, quelques confidences circulent; on calcule, on conjecture, on prédit, et l'on s'impatiente d'une détermination qui se fait attendre depuis si long-temps. Cependant le libéralisme commence à palpiter d'espérance et de joie, tandis que la patrie en pleurs prépare ses habits de deuil. Les libéraux se promettent une victoire, gage assuré de beaucoup d'autres; les bons citoyens craignent une défaite, prélude de plus cruels revers. Pour tous, l'intérêt augmente, le nœud se serre et le dénoûment approche; le temps s'enfuit à toute hâte, et il amène enfin une des plus sinistres époques de notre siècle. Le 16 juin, un coup mortel a été frappé, et pour nous accabler d'une douleur qui ne permette pas de pousser les hauts cris contre les oppresseurs, on affecte de nous étourdir à la fois par deux coups plus violents l'un que l'autre. M. Portalis a supprimé les huit établissements des Jésuites, et rendu orpheline la jeunesse; et M. Feutrier, rivalisant du même zèle, a limité les vocations du ciel, et légalisé le veuvage éternel de l'Eglise gallicane. Les Jésuites sont dépouillés de leurs droits civils, et poussés par une main cruelle, loin d'une patrie à qui ils n'accordèrent jamais que des bienfaits. La stupeur fut universelle : les libéraux hésitèrent un moment à croire qu'ils eussent obtenu une concession si terrible; il n'y eut que les larmes des vrais Français qui purent le leur confirmer. Une joie féroce dérida leurs fronts; une allégresse épouvantable les agita des transports les plus convulsifs; les expressions leur manquaient pour exprimer leurs jouissances, pour féliciter les ministres, pour célébrer cette fête, anniversaire de celle que suivirent de si près tous les forfaits de la révolution : ce ne fut dans leur camp que chants de victoire, qu'hymnes de triomphe. Ce qui augmentait encore leur bonheur cruel, c'était l'abattement, le désespoir de tous les hommes religieux et monarchiques. La douleur était profondément empreinte sur leurs visages qu'inondaient des larmes amères; des sanglots redoublés serraient et déchiraient leurs cœurs. Pouvait-il en être différemment ? leurs garanties attaquées dans ce qu'elles avaient de plus sacré, n'offraient plus la moindre sûreté; leurs espérances les plus chères étaient impitoyablement moissonnées, et leur possession la plus authentique sacrilégement foulée aux pieds. Les droits des évêques et les priviléges de la religion étaient violés et méconnus, la Charte n'étant plus qu'une affaire de parti, les services qu'un titre d'incapacité, les mérites qu'un motif de condamnation. Aussi, essayèrent-ils d'abord de dénoncer leurs spoliateurs à l'Europe, à l'univers, à la postérité; mais leur désespoir augmentant à chaque instant, les sanglots entrecoupaient leurs cris, et leur voix expirait sur leur langue glacée par la douleur. Un morne silence régna quelque temps dans leurs rangs consternés; ils pleuraient, ils gémissaient et n'osaient se regarder, craignant d'augmenter encore leur effroi et d'accroître celui des autres, par le triste spectacle qu'ils auraient aperçu ou donné. Le passé leur rappelait ses scènes d'horrible mémoire; le présent, en leur montrant la religion terrassée par l'impiété, l'iniquité triomphant de l'innocence, et la vertu immolée au crime, leur déroulait un avenir plus épouvantable encore; et cet avenir s'avançait à grands pas, et cet avenir était déja aux portes de la patrie.

Quand on eut donné un libre cours aux premières larmes, aux premiers sanglots, quand le premier accès du désespoir fut passé, une vertu divine ranima leurs forces, rendit la parole à leurs bouches muettes, et de tout côté se firent entendre de solennelles réclamations : ce ne fut bientôt qu'une seule voix, qu'un cri unanime. Les journaux religieux n'avaient pas assez de colonnes pour insérer les témoignages innombrables qui se réunissaient en faveur des hommes proscrits. Ce n'étaient que démentis donnés aux accusateurs et qu'hommages rendus aux accusés; que plaintes motivées contre les juges, et que compassion tendre pour les victimes; qu'opprobre et ignominie pour les premiers, et que louanges et gloire pour les seconds. Leurs élèves protestaient de leurs vastes connaissances, du désintéressement de leur zèle, de la pureté des principes qu'ils en avaient reçus, des sentiments patriotiques que leurs exemples, plus encore que leurs leçons, leur avaient inspirés. Les évêques déclarèrent n'avoir point d'inférieurs plus soumis à leurs volontés, plus réguliers dans leur conduite, plus habiles dans les fonctions qu'ils leur commettaient, plus utiles à la jeunesse et à tous leurs diocèses. Le clergé du second ordre, à qui l'on avait tâché de les rendre odieux, en allumant les feux de l'envie, se faisait un devoir de reconnaître publiquement qu'il n'avait point de coopérateurs plus zélés, plus modestes et plus désintéressés, que personne n'était plus propre qu'eux à instruire la jeunesse, à ramener les pécheurs, à conduire les ames, et que personne aussi ne renonçait plus sincèrement aux éloges qu'ils méritaient, aux honneurs qui les attendaient, aux récompenses auxquelles ils avaient toujours des droits incontestables. Les pères de famille soulageaient leur inconsolable douleur, en confessant que leurs enfants n'avaient jamais eu de maîtres plus habiles, que nulle part ailleurs ils n'avaient fait des progrès si étonnants, et puisé un respect plus sincère pour les auteurs de leurs jours, un amour plus vif pour leur patrie, et un dévoûment plus absolu pour le roi. Pendant que les uns, en montrant ceux de leurs enfants qui étaient déja dispersés dans le monde, en appelaient au témoignage de tous ceux qui les voyaient et qui traitaient avec eux, les autres juraient de ne jamais confier à d'autres mains ceux dont l'éducation n'était pas encore achevée, et se résignaient, pour l'intérêt de leurs mœurs, de leur religion et de leur science, à les envoyer dans les maisons que les Jésuites ouvriraient chez l'étranger. Les pauvres et tous les malheureux fondaient en larmes, attestaient qu'ils n'avaient jamais trouvé des cœurs plus sensibles, une plus généreuse charité, une libéralité plus prodigieuse, et une affection plus tendre et plus paternelle; et dans les transports de leur désespoir, ne voyant plus dans l'avenir que l'abandon et la misère, ils priaient pour leurs bienfaiteurs, maudissaient la lumière et invoquaient la mort. Tous les bons citoyens certifient la pureté de leur doctrine, l'innocence de leurs mœurs, leur zèle pour le bien public, l'importance, la nécessité même de leurs services, leur dévoûment sans bornes au roi, leur attachement sincère à toutes les institutions de la patrie; tous publient que la jeunesse a perdu ses plus dignes et ses plus vertueux maîtres, la religion ses défenseurs les plus aguerris et les plus dévoués, la société entière ses plus fermes appuis et ses colonnes les plus inébranlables; et s'imaginant déja les voir quitter le sein de la France, tous répètent en sanglotant que les lois, les mœurs, la religion s'enfuient avec eux, pour céder encore la place à l'impiété, à la dépravation et à l'anarchie. Les pleurs coulent dans toutes les parties du royaume, les regrets déchirent toutes les ames vertueuses, et les cris sortent de toutes les bouches honnêtes; l'homme le plus indifférent ne peut plus fermer son cœur à la compassion et à la douleur; il se surprend versant des larmes que lui arrachent les malheurs de la vertu, et les mêle à celles de l'enfant qui pleure ses maîtres, à celles du pauvre qui regrette son père, à celles de l'homme religieux qui est inconsolable d'avoir perdu ses modèles les plus accomplis. C'est ainsi que toutes ces réclamations, traversant la France, la parcourant dans tous les sens, formèrent, en se réunissant, en se confondant, une masse imposante dont le poids faillit écraser les coupables auteurs de tant d'infortunes. Le prince entendit une partie de ces cris; il fut ému, et il n'ý eut que de graves circonstances qui aient pu l'empêcher de tarir tant de larmes, de consoler tant de malheureux, de rendre la vie à tant de mourants.

Tandis que la douleur déchirait ainsi de ses pointes aiguës tous les cœurs nobles et sensibles, tandis que tous s'abandonnaient aux larmes, aux regrets et à de justes plaintes, les victimes, opposant l'effort d'un noble courage, la résignation de leur vertu sublime, demeuraient tranquilles sous les coups de la tempête, impassibles sous le poids qui les écrasait, et muettes devant les auteurs de leur infortune. Leur malheur ne produisit sur leurs ames généreuses, d'autre effet que de redoubler leur amour et leur zèle pour leurs élèves, que de multiplier leurs soins pour mettre à couvert leurs vertus naissantes, que de leur inspirer pour le roi et pour la patrie des sentiments plus purs et plus désintéressés. Leurs élèves fondaient en larmes, poussaient des cris, se frappaient la poitrine, et maudissaient le jour cruel qui allait leur ravir leurs guides et leurs pères; mais, supérieurs à tous les spectacles comme à tous les coups, les maîtres s'efforçaient de consoler ces enfants, de les résigner à leur perte, de leur faire bénir la main qui les frappait : et tous ensemble, se précipitant au pied des autels, ils faisaient retentir la voûte sacrée de leurs vœux pour la patrie, de leurs prières pour leurs ennemis.

Peu content d'avoir remporté une si grande victoire, le libéralisme voulut encore jouir entièrement de son triomphe. Plusieurs de ses adeptes, pour se procurer de cruelles voluptés, se transportèrent dans les maisons des Jésuites pour se rassasier de leur douleur, s'abreuver de leurs larmes en attendant leur sang. Ces malheureux se flattaient de les trouver tels qu'ils auraient été eux-mêmes sous les coups qui auraient délivré la patrie de leur présence et de leurs complots : ils croyaient les trouver abattus, consternés et mourants; ils s'imaginaient devoir les entendre maudire leur patrie, appeler sur elle la vengeance d'en-haut et les arrêts de la postérité; pousser d'horribles imprécations contre les ennemis qui avaient obtenu leur perte, contre les ministres qui l'avaient achevée, contre leurs amis qui les avaient abandonnés, et contre le Ciel qui avait refusé un miracle pour sauver leur innocence et leurs vertus. Quel délicieux spectacle pour ces cœurs ignobles, s'ils avaient pu surprendre les Jésuites flétrissant dans leurs discours l'arrêt qui les proscrivait, soufflant dans l'esprit de leurs élèves la haine pour le gouvernement, l'horreur pour les ministres et les complots de la rebellion; et tous, s'engageant par des serments sacriléges à faire jouer toutes les intrigues pour se maintenir en possession de leurs droits, pour triompher de la fureur de leurs ennemis, pour se venger d'une manière éclatante de leur perfidie et de leurs attentats! Mais qu'ils les connaissaient peu ces hommes qu'ils calomnièrent tant de fois, et qu'ils les trouvèrent différents du portrait qu'ils nous en avaient tracé eux-mêmes! Au lieu de ces hypocrites perfides, dont les apparences intéressées cachaient les vices les plus noirs, ils ne virent que des hommes sincèrement religieux, bénissant le ciel dans leur infortune, comme ils l'avaient remercié dans leur prospérité. Au lieu de ces implacables séides qui s'exerçaient à percer le cœur de leurs ennemis, ils contemplèrent aux pieds de la Majesté sainte des chrétiens généreux qui conjuraient le ciel de pardonner à leurs bourreaux; au lieu de ces hardis conspirateurs qu'ils avaient signalés à la défiance des rois et à l'horreur des nations, ils n'admirèrent que des sujets soumis, peu satisfaits d'aimer leurs proscripteurs et de leur obéir, mais enseignant encore aux autres à les aimer et à se soumettre à eux.

Vainement tout leur espionnage s'épuisa à observer toutes leurs démarches, à pénétrer tous leurs actes, à lire même dans leurs cœurs. Jamais ils n'entendirent un seul murmure sortir de leur bouche; jamais ils n'aperçurent un seul mouvement d'impatience se peindre sur leurs fronts; jamais ils ne devinèrent un seul premier sentiment de haine dans les replis les plus cachés de leurs ames. Non, la douleur n'avait point aigri leurs cœurs, atterré leurs visages, diminué l'aménité de leurs manières: une joie douce animait tous leurs traits, épurait tous leurs sentiments, et leur inspirait une plus aimable affabilité. Les étrangers étaient reçus avec une cordialité plus gracieuse, accueillis avec une plus sincère bonté, et traités avec des égards plus marqués et plus soutenus; ils voyaient l'ordre plus admirable, la discipline plus exactement observée, la piété plus vive et plus tendre. C'était partout l'innocence opprimée, mais l'innocence soumise et résignée; c'était la vertu elle-même, grande autrefois dans les succès, maintenant sublime dans le malheur. Il régnait un contraste intéressant et nouveau entre le sort de ces hommes et leurs sentiments, leurs œuvres et toutes leurs démarches. A les voir, on aurait cru que les Jésuites venaient d'être solennellement reçus en France, et déclarés pour toujours sous la protection des lois fondamentales de la nouvelle monarchie. On ne s'apercevait de leur proscription qu'au silence de leurs élèves, qu'aux larmes qui baignaient leurs visages, qu'aux soupirs qui sortaient de leurs cœurs. Émus à ce touchant spectacle, attendris par tant de vertus, les libéraux sentaient le remords déchirer leurs cœurs, la sensibilité naître pour la première fois dans leurs ames, et le repentir désavouer l'acte qu'ils avaient eux-mêmes arraché au ministère; mais bientôt, honteux d'avoir été sensibles et justes, ils s'élançaient avec précipitation hors de ces saintes retraites, en s'écriant comme Athalie :

. . . . Je serais sensible à la pitié!

Cette noble résignation ne fut ni l'effet passager d'une dissimulation profonde qui voulût cacher sa honte, ni le calcul d'une astucieuse hypocrisie qui essayât d'intéresser par son apparente grandeur, ni l'espoir d'une intrigante ambition qui se flattât de se soustraire à son funeste sort. Dans le premier cas elle n'aurait duré qu'un moment, et aurait bientôt fait place aux plus violents murmures; dans le second, elle ne se serait soutenue qu'avec l'espérance de réussir; et dans le troisième, elle se serait donné mille mouvements, aurait tenté mille moyens, et déployé toutes les cabales, pour faire revenir sur son injuste condamnation : il n'en a pas été ainsi de la résignation des Jésuites. Grande en recevant la nouvelle de leur proscription, admirable en faisant leurs préparatifs de départ, sublime en quittant la terre de la patrie, elle ne se démentit jamais et alla toujours croissant; de même qu'elle ne s'abaissa jamais aux larmes, jamais aussi elle ne se permit les prières. On priait, on suppliait pour les Jésuites; et les Jésuites, s'oubliant eux-mêmes dans leurs malheurs, ne pensaient qu'aux autres, ne plaignaient que les autres, ne craignaient que pour les autres; et sans jamais verser une seule larme, sans pousser une seule plainte, ils ont rendu aux familles les dépôts précieux qu'ils en avaient reçus, aux évêques les maisons que ceux-ci leur avaient confiées, à la société entière le privilége qu'ils avaient obtenu de lui former des citoyens vertueux, de vivre et de mourir en travaillant pour elle; ils ont dit adieu aux lieux témoins de leur innocence et de leurs vertus, aux pauvres qu'ils avaient accablés de bienfaits, aux malheureux qu'ils avaient toujours soulagés, à tous les Français qu'ils ont toujours aimés si tendrement, et pour lesquels ils font encore des vœux si sincères.

Accompagnés des regrets de tous les hommes vertueux, bénis sur tous les lieux de leur passage, ils partent du sein de la patrie; mais nouveaux Socrate, victimes de la haine et de la méchanceté, immolés à toutes deux, comme Socrate ils ont entendu leur condamnation, comme lui ils la subissent, sans laisser paraître le moindre signe de douleur, sans éprouver la moindre impression de ressentiment, et ne songent qu'à consoler les vertueux amis qui les entourent. Nouveaux Aristide, ils font des vœux pour l'ingrate patrie qui les bannit; et Camille nouveaux, ils conjurent le Ciel qu'elle n'ait jamais besoin de leur secours, qu'ils lui donneraient plus volontiers encore après cette injustice, que lorsqu'elle les pressait sur son sein; et disciples fidèles d'une religion d'héroïsme, à l'exemple de leur Maître, ils pardonnent à leurs ennemis, supplient le Ciel de leur pardonner aussi, et brûlant pour eux d'un amour généreux qu'alimente leur injustice, ils prient le Seigneur de leur ouvrir les yeux et de leur montrer l'abyme entr'ouvert sous leurs pas ! Oh ! quels sentiments sublimes dûrent alors animer leurs cœurs !...... Déja ils se sont retirés dans les bras de la Providence, qui les a accueillis dans la contrée lointaine ; et là, dans la terre de leur exil, ils bénissent la main du Seigneur, prient jour et nuit pour la France, instruisent la jeunesse et font des heureux. Et ces hommes, que l'on chasse au nom de nos libertés et pour assurer nos garanties nationales, le descendant de Guillaume Tell les appelle, les honore, et leur confie ce qu'il a de plus cher, sans craindre qu'ils lui arrachent cette liberté que ses ancêtres achetèrent par tant de travaux et à travers tant de dangers ; et les établissements des Jésuites ne troubleront point les cendres des héros de Morgarten ; et leur charité généreuse préparera à leurs ennemis, qui les maudissent en France, un passage à travers les glaces du Saint-Bernard. Formé à leurs écoles, instruit de leurs leçons, imbu de leurs principes, le Suisse n'en sera pas moins attaché à sa patrie, à son hameau, à son clocher, à sa roche ; le Suisse n'en sera pas moins digne de l'admiration des vainqueurs de Pavie et des éloges du chevalier de la main de Bayard ; et son incorruptible fidélité n'en veillera pas moins à la garde des Tuileries, où, sur leur zèle, le monarque pourra sommeiller en paix ; et il n'en répandra pas moins son sang pour sauver celui de nos rois ; et fier de sa fidélité, il contemplera avec orgueil la tête de son infortuné compagnon d'armes, victime de son attachement généreux, et égorgé par le régicide.

RÉSUMÉ.

Telle est l'histoire abrégée de la société de Jésus: histoire pleine d'instruction, d'intérêt et de charmes, elle nous montre ce que peut la vertu et le talent réunis et agissant dans un corps; nous rappelle tous les grands événements, toutes les institutions célèbres, toutes les époques importantes des siècles passés; et en nous promenant dans le domaine de la vérité, elle paraît nous faire errer dans le pays des fictions et des enchantements. Aussi, à prendre les choses à la rigueur, c'est moins l'histoire de cette compagnie célèbre que celle de l'Europe entière, de l'Eglise et de la société, des peuples civilisés et barbares, de l'univers et du genre humain, de la terre et du ciel, des hommes et de Dieu.

Oui, c'est l'histoire de l'Europe, qu'elle sauva du naufrage de l'ignorance, de l'hérésie et de l'anarchie, pour y établir à jamais l'empire des croyances, la force des lois et le règne des lettres, et pour assurer à cette partie de la terre une incontestable supériorité sur toutes les autres.

C'est l'histoire de la société, dont elle renoua les liens brisés par les novateurs et par le génie des révolutions politiques et religieuses; dont elle replaça les fondements sur leurs immuables principes; dont elle augmenta les charmes par la pureté des mœurs les plus douces, par les plus belles richesses des lettres, par les trésors de la religion, et par les divins enchantements des unes et des autres.

C'est l'histoire de l'Église, dont elle protégea toujours si généreusement la foi, les épreuves et les combats; pour qui elle sacrifia son repos, sa gloire et son bonheur; à qui elle assura, au prix du sang de ses enfants, des triomphes illustres; qu'elle consola et qu'elle réjouit au milieu de ses pertes par des conquêtes encore supérieures; à qui, pour tout dire en deux mots, elle fournit des modèles parmi les chrétiens, des docteurs parmi les hérétiques, des apôtres et des martyrs chez les infidèles, de puissants protecteurs dans le ciel, et des saints honorés sur les autels.

C'est l'histoire des peuples civilisés, ainsi que de la société et des peuples barbares qu'elle poursuivit à travers mille morts, dans leurs forêts, dans leurs déserts, dans leurs marais et dans leurs antres, pour les arracher à leur état de misère et de dégradation, pour leur enseigner Dieu, l'Évangile, la société, et leur donner la protection du ciel, les biens d'ici-bas et l'espoir d'en-haut.

C'est l'histoire du monde, que ses hardies découvertes enrichirent de nouvelles contrées, de sociétés nouvelles; dont son courage et ses travaux étendirent les relations, en adoucissant les mœurs des sauvages, en unissant les différents peuples par la sympathie des mêmes coutumes, par le lien de la même foi, par la nécessité des mêmes besoins.

C'est l'histoire du genre humain, dont elle diminua ou soulagea les maux; dont elle propagea les avantages et épura les jouissances; qu'elle honora par ses prodiges de vertu et de dévoûment, et qu'elle enrichit de sa charité. Des sauvages, ne conservant plus que notre figure, déshonoraient l'humanité entière; les Jésuites civilisèrent ces espèces de monstres, et aujourd'hui ils forment des républiques puissantes sur la terre de Colomb.

C'est l'histoire des hommes, qui en reçurent de si étonnants bienfaits; qu'elle éclaira de tant de lumières et ravit de tant de merveilles.

C'est l'histoire de Dieu, dont elle fut l'instrument par lequel, faisant éclater à la fois sa bonté, sa sagesse et sa puissance, il distribua tant de faveurs, opéra tant de prodiges, et terrassa tant d'ennemis.

Après cela, faut-il s'étonner que cette société ait été de tout temps l'objet de la haine des méchants? faut-il s'étonner qu'ils se soient efforcés de la noircir par les plus dégoûtantes calomnies; que, travaillant sans relâche à sa perte, ils lui aient suscité mille obstacles, et déclaré une guerre à toute outrance? faut-il s'étonner que sa présence, au milieu de la société, jette l'effroi et l'alarme dans leur camp; que le nom de Jésuite donne des accès de rage aux soldats de l'impiété, et que la seule idée de ces hommes généreux les poursuivant, les harcelant, les épouvantant partout, partout aussi leur montre, même sur les autels, son nom, son influence, ses œuvres, sa devise? Pour nous, une seule chose nous étonne; c'est que les méchants aient osé tenter d'extorquer la créance des peuples, et qu'ils aient armé de la foudre les rois qui ne reçurent que des bienfaits de la part des Jésuites.

Mais désormais n'écoutons plus la haine, la calomnie, la vengeance; imposons silence à nos préjugés, ne cédons plus à l'habitude de tout rejeter, de tout combattre; ne parlons plus sans réfléchir, ne jugeons plus sans examiner, ne condamnons plus sans entendre, et ne proscrivons plus sans motif. L'histoire a parlé; nous avons entendu ses dépositions, nous connaissons les faits, et par eux, nous connaissons les Jésuites et leurs ennemis. Réfléchissons et prononçons! Qu'est-ce qu'un Jésuite? qu'est-ce qu'un ennemi des Jésuites? lequel est bon citoyen? lequel est conspirateur? Nous en appelons à tout homme qui nous aura lu sans prévention.

O société immortelle, que ta destinée a été sublime! que tes œuvres ont été grandes! que tes services ont été immenses! La terre a été le partage de ton apostolat, le lieu de ta mission; l'univers, le théâtre de tes travaux, de tes combats et de tes victoires; la civilisation, les mœurs, la félicité, le résultat de tes entreprises; et le genre humain a recueilli la moisson de tes bienfaits, cette moisson toujours arrosée de tes sueurs et souvent de ton sang. Les hommes et Dieu ont contemplé tes exploits, béni ton nom et célébré tes louanges. O toi qui n'as existé que pour le bonheur des mortels!

pourrais-tu n'être que l'œuvre de l'enfer? et serait-il arrivé que l'ennemi implacable de l'homme, réconcilié enfin avec lui, nous eût donné cette institution sublime, cette source de gloire, cet instrument de salut? Que l'impiété dise désormais ce qu'elle voudra : je sais ce que tu as été chez nous, ce que tu aurais été chez les anciens : oui, tu aurais été chez les Perses, ce corps des immortels destiné à la garde du grand roi, ou à l'exécution des plus hauts desseins; chez les Thébaiens, ce bataillon sacré qui arrachait une victoire prête à se fixer sous les drapeaux ennemis; chez les Macédoniens, cette phalange redoutable qui décidait du sort des batailles; chez tous les Grecs, ce conseil auguste des sages, d'où les lumières se répandaient sur leurs siècles, et se propageaient dans les diverses contrées du monde connu; chez tous les peuples, ce corps d'élite qui soutient les premiers assauts, qui porte les plus rudes coups, qui repousse les dernières attaques, et qui, bravant les plus grandes fatigues et les dangers les plus certains, terrasse, écrase et triomphe; chez les modernes, tu fus toujours la sauve garde de la foi et de la civilisation, le flambeau des sciences, le foyer des vertus, le lien de tous les hommes comme de tous les peuples; toujours tu te montras comme l'honneur de la terre et le chef-d'œuvre du ciel, aux yeux de tout homme qui pense, réfléchit, raisonne et rend justice.

Hommes immortels, je me comptai autrefois parmi vos élèves; quoiqu'on vous proscrive, je m'honore encore de l'avoir été, et mon amour pour vous n'en est que plus pur et plus ardent! Je vous aimai, parce que je vous connus, et en vous connaissant, je ne vis en vous que des vertus. Aujourd'hui l'infortune vous éprouve, l'injustice vous accable; mais vous serez supérieurs à tous les coups, vos ennemis ne pourront s'empêcher d'admirer votre grandeur d'ame, et le jour des vengeances arrivera pour faire briller dans tout son éclat votre innocence, et pour confondre vos calomniateurs.

FIN.

www.ingramcontent.com/pod-product-compliance
Ingram Content Group UK Ltd.
Pitfield, Milton Keynes, MK11 3LW, UK
UKHW021057260726
13994UKWH00002B/544

9 782019 909659